RAOUL DE LA GRASSERIE

Du Fédéralisme

ÉDITION DE LA SOCIÉTÉ NOUVELLE

PARIS   MONS
28, Rue Vauquelin.   11, Rue Chisaire.

1907

DU FÉDÉRALISME

RAOUL DE LA GRASSERIE

Du Fédéralisme

ÉDITION DE LA SOCIÉTÉ NOUVELLE

PARIS		MONS
28, Rue Vauquelin.		11, Rue Chisaire.

1907

Du Fédéralisme

Dans nos pays de la vieille Europe, le fédéralisme est peu connu. Sans doute, on le trouve en vigueur en Suisse et dans deux grands empires continentaux, l'Allemagne et l'Autriche, et dans ces pays on est familiarisé avec lui, il peut donc paraître étonnant que son mécanisme, aussi bien que son esprit, soient choses lointaines et même étranges pour leurs voisins. Demandez aux Français les plus lettrés quel est le fonctionnement fédéral, quelle fut sa génèse, quel est son but, il ne saura vous répondre, ou s'il le fait, cela prouvera son ignorance absolue ; il le trouvera d'ailleurs inférieur, comme tout ce qui n'est pas sien ; pour lui, ce ne sera qu'une complication inutile, gênante, archaïque, ou dans le cas contraire, réalisant dans le vide des vues systématiques. Cela vient de ce que la Suisse est un fort petit pays qui lui semble négligeable ; il n'en est pas de même des deux grands empires, mais dans les deux on n'entend parler que de l'Empereur, qui domine et en fait absorbe tout : dans l'un, la Prusse couvre la plus grande partie du territoire, les autres confédérés, sauf ceux du Sud, semblent tout à fait accessoires. Quant à l'Autriche, on a sous les yeux le spectacle d'une dislocation menaçante. A qui la faute, dit-on, si ce n'est précisément à son fédéralisme ? On s'en éloigne dès lors comme d'une chose mauvaise. L'idée semble mieux liée à celle des Etats-Unis et des autres Républiques du Nouveau-Monde, mais c'est le nouveau monde ; il ne serait pas le nouveau s'il se réglait comme l'ancien, et ce dernier, celui qu'on habite, perdrait sa qualité d'ancien et d'aîné s'il suivait l'exemple du premier. C'est surtout, mais ce n'est pas seulement en France que l'on pense ainsi, mais dans la plupart des pays unitaires, sauf quelques-uns, comme l'Espagne où de temps en temps l'idée fédéraliste se fait jour (1). Aussi règne-t-il un parfait silence sur cette question, qui n'est pas même en question, de l'admission du principe fédéral, de même dans le livre, encore plus spécialement dans les programmes électoraux où elle ne pourrait servir de plate-forme devant l'indifférence du public. Il est parfois semé une agitation vague sur un sujet un peu analogue, le provincialisme, sous le nom de décentralisation, mot sonore et qui produit quelque effet, mais qui s'éteint dans le calme, dans l'amour exclusif de ce qui vient d'en haut et d'au-delà, de ce qui est central. Des partis en détresse y font parfois appel ; ce sont ceux d'opposition qui voudraient, par ce moyen, ébranler l'état existant, lequel leur est contraire, mais ils le font sans enthousiasme, avec la secrète pensée de revenir bien vite, s'ils remontaient au pouvoir, à la centralisation la plus parfaite comme à l'autorité la plus absolue. D'ailleurs, l'homme du peuple, vers lequel aujourd'hui les discours, aussi bien que les écrits, ainsi que la presse, sont totalement dirigés, n'a nulle idée d'une telle organisation, pas plus, du reste, qu'il n'en avait en France du régime républicain, avant 1848. Il en aurait plutôt une certaine défiance, car les Girondins furent autrefois traités de fédéralistes ; cette réputation est quelque peu demeurée ; le mot de province semble encore suspect, et, chose inouïe, ce qui est le synonyme de démocratie est, sinon le synonyme, au moins l'apparence d'aristocratie. D'ailleurs, c'est avec le même étonnement qu'on entendit parler de l'internationalisme, avant qu'il ne fût mis en musique et n'eût pris la place de l'hymne national et chauvin. De même ils considéreraient le gouvernement direct, s'il leur était proposé. Tellement il est vrai que, malgré son bon sens natif, le peuple ne comprend les vérités que filtrées préalablement par les livres et la presse et adaptées à l'usage de son esprit. C'est l'effet à la fois de la routine qui résiste énergiquement à tout ce qui vient de l'étranger et aussi de l'accoutumance à un régime autoritaire de vieux continent, qui fait que la France n'a compris longtemps la royauté qu'absolue, la république que jacobine et le patriotisme que chauvin, et comme des transformations successives d'un même principe, celui d'autorité.

(1) Il faut noter sous ce rapport le mouvement catalaniste qui est doublé d'autonomie linguistique et de fédéralisme.

Telles sont les causes générales qui ont obscurci l'idée du fédéralisme ; il en est résulté qu'elle n'a pu aboutir parmi nous, car pour cela, il faut l'action de la mode, laquelle doit couver tous les principes, avant qu'ils puissent éclore ; cette mode est contenue d'abord dans les mots, par exemple, ceux-ci : démocratie, liberté ! Combien de fois ne les a-t-on pas répétés, et c'est à cette répétition incessante qu'ils ont dû une partie de leur prestige. Le mot d'internationalisme est à peine usité, celui de fédéralisme ne l'est pas du tout ; or, il faut frapper les oreilles avant de frapper l'esprit. C'est l'œuvre des publicistes; ils amènent la vérité inconnue, du dehors au dedans, de l'étranger dans le pays, souvent le Nouveau-Monde dans l'Ancien; le nôtre. On dira bien d'abord que ce qui est bon pour un pays ne l'est pas pour l'autre — l'éternel refrain ! —, que les fédéralistes sont en regrès et non en progrès, qu'ils ramènent des formes primitives du gouvernement — on l'a dit de bien d'autres ! —, qu'ils favorisent les habitudes et les préjugés locaux ; toutes ces objections disparaîtront devant la vulgarisation nette d'une idée mal comprise jusqu'à présent. Sans doute, naîtra alors la question, à discuter avec la raison, de savoir lequel vaut mieux du gouvernement fédéral ou du gouvernement unitaire ; mais cet examen lui-même ne sera plus exclu.

Il ne faut pas oublier que toutes les théories nouvelles ont rencontré les obstacles de ce genre et les ont vaincus ; mais ici, il ne s'agit pas du tout d'une idée nouvelle, mais d'une idée qui a fait son chemin dans certains pays depuis longtemps, qui a été soumise à l'expérimentation, et dont il n'y a plus qu'à observer les résultats.

Nous n'avons pas l'intention ici d'étudier dans son ensemble et ses détails ce sujet très vaste ; sa description, qui est longue et minutieuse, appartient aux livres spéciaux. Nous n'envisageons ici le fédéralisme que dans son ensemble, dans ses principes, de son côté psychologique et sociologique seulement et non didactique, avec la physionomie de l'institution, ses causes, ses effets, avant de nous demander s'il y aurait lieu de l'admettre en une société et dans quelle mesure.

Nous avons l'espoir de démontrer que, loin d'être en regrès, le régime fédératif est en incontestable progrès, qu'il occupe dans la démocratie un rang avancé ; l'exemple donné par les grandes républiques du Nouveau-Monde en est déjà un indice significatif ; bien plus, qu'il n'est pas sans lui de république solidement équilibrée, et qu'enfin, résultat le plus précieux de tous, son extension au dehors doit conduire sûrement à l'établissement de la paix universelle. Tel est le but de la présente étude.

La fédération est de deux sortes : intérieure et extérieure. La première seule a eu sa réalisation complète ; elle est, d'ailleurs, le type de l'autre. La seconde existe davantage dans les projets des penseurs et des hommes politiques que dans la réalité ; un lien intime les relie toutes les deux ensemble ; si l'interne est admise, elle poussera rapidement vers l'autre ; si elle est exclue, on comprendra difficilement que l'autre ne le soit pas. C'est le même type, le même cadre, les mêmes divisions dans les deux ; à un certain point intermédiaire, on peut les confondre et se demander si la fédération est bien interne encore. Cependant, elles sont distinctes, l'une existe sans l'autre, et il en est même une qui pourrait ne jamais nulle part exister.

Nous examinerons successivement la fédération interne et la fédération externe aux points de vue que nous venons d'indiquer : psychologique, sociologique et pratique. Mais, nous l'avons dit, leur structure est peu connue, et avant que nous les soumettions à notre critique, il est indispensable que nous les fassions connaître dans leurs lignes caractéristiques. D'où les trois divisions suivantes : 1º la fédération en général, 2º la fédération interne, 3º la fédération externe.

I.

Le fédéralisme, en général, doit être étudié par nous successivement dans sa structure, ses différents degrés, ses diverses espèces, son aire géographique, enfin, son évolution historique.

Nous n'indiquerons, en ce qui concerne la structure, que les traits essentiels et qui peuvent éclairer ce qui va suivre, renvoyant les lecteurs aux ouvrages spéciaux de doctrine pour les détails ; seulement, comme le régime dans sa substance même est peu connu de beaucoup d'entre eux, nous croyons utile de le retracer dans son ensemble.

L'Etat fédératif se distingue de deux autres : l'Etat isolé et l'Etat unitaire. A l'origine, il n'existe que des Etats isolés ; c'est le cas de ce qu'on appelle la Cité, les Cités de la Grèce

antique par exemple. C'est une unité indivisible et inextensible.
Telle était aussi la Province dans l'ancienne France. Un tel
régime n'est pas destiné à subsister. Pour résister aux ennemis
de dehors, à des hommes moins civilisés, moins pacifiés, ne
cherchant que la déprédation momentanée, mais la cherchant
sans mesure, il faut s'unir. Cette union ne sera d'abord que
momentanée, comme l'attaque. Mais celle-ci n'a pas lieu d'un
seul côté, ni une seule fois ; il faudra donc s'unir de nouveau.
On en prendra l'habitude, cette union aura lieu entre les
mêmes, parce qu'ils ont des intérêts communs. Elle finira par
devenir permanente. Dès lors, des organes communs deviendront nécessaires, en commençant par l'unité du commande-
ment pendant la guerre. Cette alliance ira se resserrant de
plus en plus. Si le lien laisse subsister l'autonomie de chacun,
on est passé à l'Etat fédératif, à ses différents degrés, mais le
resserrement peut être plus fort ; il peut établir la supériorité,
l'hégémonie au profit de l'un des Etats fédérés. Dès lors,
celui-ci empiète de plus en plus sur les autres, ces derniers
s'effacent et disparaîtront ; un seul reste, c'est l'Etat unitaire.
Tel est le processus.

Prenons maintenant le moyen terme, l'Etat fédéral. Suppo-
sons-le constitué. Comment va-t-il se distinguer essentiellement
des autres Etats ?

Ses constitutions sont variées, et suivant les temps et les
lieux il s'établit par des organes appropriés, se ressemblant,
mais non de tous points semblables. Cependant, les différences
ne sont pas très grandes lorsque le régime est arrivé à son
plein développement. Il ne diffère, comme nous le verrons tout
à l'heure, qu'aux différents degrés de resserrement du lien.
Voici les traits essentiels.

L'Etat fédéral a, au-dessus des organes sociaux particuliers
de chacun des Etats qui le composent, des organes communs,
symétriques aux organes d'un Etat isolé. Il est pourvu d'un
pouvoir législatif, d'un pouvoir judiciaire, d'un pouvoir
exécutif ; ce dernier contient, entre autres, une armée fédérale.
Ces pouvoirs sont représentés par des hommes, réunis en
assemblées petites ou grandes, quand il s'agit du législatif et
du judiciaire, quelquefois aussi, comme en Suisse, quand il
s'agit de l'exécutif, mais plus souvent alors par un homme qui
est le Président de la Confédération. Parfois, l'un de ces
pouvoirs manque, par exemple, le judiciaire, mais c'est qu'alors

le régime fédératif n'est pas parvenu à son plein développement.

Cet Etat représente seul tous les Etats fédérés qu'il contient, vis-à-vis de l'étranger. Lui seul peut déclarer la guerre ; lui seul peut faire les traités de paix ou de commerce ; seul, il a des ambassadeurs à l'étranger. Il est défendu à l'un des Etats isolément de traiter avec les puissances étrangères. En un mot, toute la vie externe passe à la Confédération ; les Etats y ont renoncé.

Ils ont aussi renoncé au droit de traiter entre eux des alliances particulières, ou de se faire la guerre en cas de désaccord ; s'ils ont des conflits, ils possèdent désormais un juge supérieur qui décide entre eux. Ils doivent se soumettre à cette décision après avoir plaidé leur cause, comme les particuliers devant un tribunal ; s'ils refusent de le faire, la Confédération, qui a entre les mains une armée fédérale, ou qui, à un degré inférieur, fera appel aux milices des autres Etats, peut les contraindre par l'exécution forcée.

Les Etats confédérés n'ont pas le droit de désobéir aux ordres qui leur sont donnés par la Fédération, dans les limites de la compétence fédérale, ce qui est pourtant parfois advenu, notamment aux Etats-Unis d'Amérique ; mais alors, l'Etat fédératif en a subi une crise grave. S'ils le font, l'exécution fédérale peut aussi être prononcée contre eux.

Ils n'ont pas le droit de se retirer par sécession suivant leur bon plaisir. Sans doute, ils étaient libres de se fédérer ou non, mais en se fédérant, ils ont, comme tout contractant, aliéné une partie de leur liberté, aussi leur tentative de sécession est-elle réprimée par l'exécution fédérale. C'est ce qui a eu lieu aux Etats-Unis lors de la guerre entre le Nord et le Sud. Cependant, les rebelles peuvent réussir, comme dans une guerre civile, et soit former une Confédération partielle nouvelle, soit s'isoler.

Les Etats conservent, pour tout ce qui n'est pas d'intérêt commun, leur autonomie. Ils légifèrent, jugent et exécutent eux-mêmes en dehors de la sphère fédérale, c'est-à-dire en dehors de tout ce qui ne règle pas les rapports avec l'étranger, ceux des Etats entre eux, et certaines matières importantes qui ont été attirées dans la sphère fédérale. S'ils ne peuvent pas le faire entièrement, c'est qu'on passe peu à peu de l'Etat fédéral à l'Etat unitaire.

Mais quelles sont les matières qui entrent dans la sphère fédérale, autres que celles ci-dessus indiquées qui y sont contenues par définition? C'est ici que les différences commencent, et elles sont importantes.

C'est peut-être, d'ailleurs, un des points faibles du régime fédératif, la difficulté de distinguer en raison ce qui doit devenir fédéral par intérêt commun; il y a certainement là une partie contingente du système.

Il faut d'abord ranger ici le droit de prélever des impôts pour l'entretien fédéral, c'est là une des conditions naturelles de l'existence même de la Confédération ; cela entraîne ce qui est indispensable pour l'entretien de l'armée fédérale. Il en est de même de l'organisation elle-même de cette armée.

Toute une autre série de matières fédérales tient à un certain besoin d'uniformité de direction ; c'est ainsi qu'en général la forme essentielle du gouvernement doit être la même dans tous les Etats : une république ou une monarchie ; la Suisse ne tolérerait pas le canton monarchique, les Etats-Unis non plus. Pour s'assurer qu'il ne sera pas contrevenu indirectement à ce principe, le pouvoir fédéral a le droit d'examiner les Constitutions des divers Etats et de les contrôler, c'est ce qu'on appelle donner la *garantie des Constitutions*. En effet, en Suisse, l'acceptation du peuple pour les lois doit être réservée, les Constitutions des Etats ne doivent rien renfermer de contraire à l'égalité de tous les citoyens devant la loi, au libre établissement dans tout le territoire suisse, à la liberté de conscience et de croyance, au droit au mariage, au droit d'association, au droit de pétition, à la liberté de la presse, au droit à la judiriction de son juge naturel, à la liberté du commerce et de l'industrie sous certaines réserves. Ce sont des points (ailleurs, ce sont d'autres) mis en obligation par la Constitution fédérale en ce pays, pour les Constitutions et les lois des Etats. C'est ce qu'on pourrait appeler le *principe d'homogénéité*. Des Etats à idées trop disparates sur des objets essentiels ne sauraient vivre en union véritable et utile, ils se sépareraient bientôt ; ils peuvent, comme en Suisse, être de langues différentes ; mais de sentiments contraires, cela serait impossible. La Suisse fut longtemps déchirée par les dissensions et sur le point de se dissoudre, lorsqu'il y avait des cantons aristocratiques et des cantons démocratiques.

Le commerce avec tout ce qui en dépend est chose éminemment internationale ; le plus important est même le commerce fait à l'étranger ou de l'étranger. Comprendrait-on que des barrières fussent mises de canton à canton, d'Etat fédéré à un autre Etat, pour en empêcher l'essor ? On ne concevrait pas davantage que chacun eût dans ces matières une législation différente. Cela est si vrai que, même entre grandes nations indépendantes, le droit commercial tend à s'unifier. Autrement, il y a dommage pour tous. Les conséquences sont nombreuses. On n'établira pas de douanes intérieures. Les véhicules du commerce, les chemins de fer, les routes et les ponts, les postes et télégraphes, la navigation sur les fleuves, les lacs, les mers, seront réglés fédéralement, ainsi que les travaux publics qui s'y rapportent. D'autre part, la législation commerciale sera fédérale aussi sur le change et la faillite, les brevets, les marques de fabrique ; cela entraînera, par voie de connexité, la propriété littéraire et artistique. Ce n'est pas tout ; le droit civil va être logiquement atteint dans certaines parties. Le droit des obligations s'y relie, en effet, étroitement ; c'est dans l'obligation civile que l'obligation commerciale trouve ses racines, et la déconfiture des non-commerçants touche de bien près à la faillite des commerçants ; il y a entre elles une cloison mince qui tombera bientôt ; de même, la capacité de contracter, de même, tout ce qui a trait aux valeurs mobilières si proches des marchandises. Tout cela est au fond commercial et, par conséquent, est ou va devenir fédéral.

Il semble que ce soient là les limites naturelles. Faut-il aller plus loin ? Peut-être, et c'est ici qu'il y a plus de divergence. On fait souvent, mais non toujours, la distinction suivante, pour étendre la législation fédérale. Sans doute, le canton ou l'Etat conserve toute son autonomie ; il légifère sur tout ce qui n'est pas fédéral de nature. Mais cependant, n'y aurait-il pas intérêt à avoir une législation uniforme sur ce qui ne dépend pas des besoins ou des idées particulières à une province ? Par exemple, pourquoi tous les citoyens des divers Etats n'auraient-ils pas la même législation civile, criminelle, les mêmes formes de procédure, la même organisation judiciaire ? Cela serait beaucoup plus commode. Les opportunités d'un article d'un grand Code qui règle les relations les plus générales ne varient pas d'un petit Etat à un autre petit Etat voisin, et même souvent elles sont identiques d'un grand pays à un autre grand pays, pourvu qu'ils soient de civilisation similaire.

Pourquoi, par exemple, faire la dévolution des successions autrement en Italie et en Espagne et même en Allemagne qu'en France ? Est-ce que les liens du sang ne sont pas les mêmes ? La théorie des obligations n'est-elle pas un terrain juridique commun pour tous les peuples ? Le même régime hypothécaire, régime qui se base sur des raisons logiques, ne devrait-il pas être admis partout ? A plus forte raison, entre Etats voisins confédérés ? Certains l'ont compris et l'Allemagne a fédéralisé tous les grands Codes ; la Suisse est entrée dans cette voie ; au Mexique, il n'y a pas de fédéralisation, mais en matière civile, par expansion, les Etats ont successivement adopté le même Code ; les Etats-Unis, au contraire, ont conservé une législation totalement particulariste. Mais là se borne l'unification. Il n'en est plus de même quand il s'agit des autres lois, celles administratives, par exemple, ou fiscales, ou de police. Chaque Etat conserve ses lois particulières. Le domaine législatif se trouve ainsi réparti entre l'Etat et la Fédération, même en ce qui concerne les lois n'intéressant pas directement la Confédération.

Enfin, le pouvoir fédéral s'est encore taillé récemment un autre domaine ; c'est, à côté de celui des principes fondamentaux politiques, celui des principes sociaux ou économiques. Avant le développement de ceux-ci, la Confédération s'était chargée de protéger les droits individuels (sorte de Déclaration des droits de l'homme) et les principes politiques (régime démocratique, etc). Maintenant, les principes sociaux sont venus s'asseoir à côté. C'est ainsi qu'en Suisse des lois fédérales régissent l'assurance ouvrière contre les accidents et les maladies ; qu'aux Etats-Unis, c'est de la même façon qu'on s'est occupé de la question de l'immigration chinoise, mais il se produit des résistances, et souvent les Etats revendiquent pour eux-mêmes ce domaine nouveau.

Telles sont les attributions du pouvoir fédéral. Mais comment sont formés ses organes, quelle est leur genèse, et comment se trouve-t-il en relation continue avec les pouvoirs de l'intérieur de chaque Etat ?

Parfois, le pouvoir fédéral réside dans un seul corps qui se compose des délégués des Etats ; le plus souvent, il est lui-même différencié, et comprend des corps divers, le corps législatif et constitutionnel, le corps judiciaire, le corps exécutif. Dans tous les cas, il consiste principalement dans celui qui émane de l'élection par les divers Etats pour donner la direction générale du pouvoir fédéral législatif. C'est le seul que nous examinerons.

Ce qui est caractéristique, c'est que les citoyens y sont représentés de deux façons bien distinctes. Pour le comprendre, il faut prendre garde que les divers Etats composants ont été formés non à priori, mais historiquement, de telle sorte qu'il y en a qui sont deux ou trois fois plus étendus ou peuplés que les autres. Il semblerait au premier abord que, comme dans nos pays unitaires, on devrait faire élire des députés aux diverses régions en nombre proportionnel à celui de leur population, c'est la loi ordinaire du nombre. Mais alors chaque Etat ne serait plus représenté comme Etat, il aurait perdu dans l'assemblée fédérale toutes ses limites, toute son autonomie, il pourrait même arriver, s'il s'agissait d'un Etat très petit, qu'il ne fût pas représenté du tout. Il ne faut pas oublier que les Etats restent autonomes. Alors il faut que chaque Etat envoie au conseil fédéral le même nombre de députés, quelle que soit sa grandeur, car ils sont tous sur le pied d'égalité.

Hé bien! aucun de ces systèmes ne serait juste ; il faut trouver un moyen de les concilier, car un grand Etat ne doit pas éliminer ou presque éliminer un petit, et cependant le petit ne peut avoir non plus le même nombre de députés que le plus grand. On a découvert ce moyen d'une façon ingénieuse. Il y aura *deux conseils fédéraux*. L'un sera élu par tout le pays et tous les citoyens en proportion du chiffre de la population et sans tenir compte des Etats différents ; l'autre, au contraire, sera élu par chacun des Etats qui aura un nombre égal de députés, et même pour ce second corps ce ne seront plus les simples citoyens qui seront électeurs, mais ceux qui chez eux sont déjà députés et gouvernants. Ainsi on aura évité les deux inconvénients et en outre créé une harmonie complète entre la fédération et l'autonomie, sans sacrifier aucune des deux. Naturellement, pour faire passer une loi nouvelle, il faudra qu'elle soit votée successivement par l'une et l'autre des Assemblées. L'une veillera à l'intérêt national et collectif et l'autre à l'intérêt particulier de chaque région. En France, quoique le régime ne soit pas fédéraliste, on a cherché à imiter ce second organe dans le Sénat nommé à deux degrés et par des conseils provinciaux, mais il n'a plus la même raison d'être. De ces deux corps qui réalisent les deux principes se conciliant dans l'organisation fédérale, en Suisse, l'un s'appelle le Conseil National, l'autre le Conseil des Etats, l'ensemble formant l'Assemblée fédérale ; aux Etats-Unis, l'un s'appelle la Chambre des Représentants et l'autre le Sénat, l'ensemble formant le Congrès ; en Allemagne, l'un s'appelle le Reichstag et l'autre le Bundesrath, l'ensemble formant le Parlement fédéral.

Enfin, et c'est le couronnement de l'édifice, il faut conserver l'égalité entre les Etats ; non seulement en droit, on vient déjà de s'y efforcer, mais aussi en fait, autant que possible. Sans doute, on ne saurait empêcher qu'il n'y ait de grands Etats et des petits, et même il peut y en avoir de tellement grands que l'institution du corps fédéral ne va plus suffire à contrebalancer le premier, c'est ce que nous verrons bientôt ; mais, au moins, faut-il que l'un des Etats ne soit pas le siège du Parlement, du Gouvernement, de l'Armée, car, surtout avec une forte capitale, il prendrait bientôt une prépondérance telle que le régime fédéral serait menacé au profit de l'unitarisme. C'est le poids de Paris qui a amené l'unification absolue de la France, car tout le reste est venu se cristalliser autour. Il faudrait qu'une petite partie du territoire fût enlevée aux Etats, qu'elle fût neutralisée et devînt le siège du gouvernement. C'est ce qu'on a souvent réalisé surtout dans le Nouveau-Monde, car dans l'ancien la capitale de la Fédération appartient à un canton, Berne en Suisse, Berlin en Allemagne. A une certaine époque, en Suisse, on avait voulu l'empêcher, au moins, en faisant alterner la capitale au moyen d'un roulement. Pendant la période de l'acte de médiation, le canton directeur changeait chaque année ; c'était tour à tour Fribourg, Berne, Soleure, Zurich, Lucerne et Bâle, mais ce régime ne fut que transitoire. Dans le Nouveau-Monde, on a généralement employé un moyen autre et bien plus complet que l'alternance des capitales fédérales, c'est la création d'un territoire fédéral neutre, indépendant de tous Etats, assez petit pour ne causer aucun ombrage, mais assez étendu pour se suffire. On a cherché plus généralement à le faire exigu pour qu'il ne puisse acquérir l'hégémonie. C'est ainsi qu'aux Etats-Unis le district fédéral est celui de Colombie, avec pour capitale Washington ; il est entièrement neutralisé ; c'est le Congrès qui légifère pour tout ce qui le concerne et ses habitants ne nomment pas de représentants au Congrès. Le Mexique possède aussi un district fédéral fondé par l'article 46 de la Constitution. Il en est de même du Vénézuela. Dans la République Argentine le district fédéral est la ville de Buenos-Ayres qui dépend du pouvoir fédéral seul ; il fut parfois celle de Santa-Fé. Au Brésil, il comprend la ville de Rio-de-Janeiro et ses environs, mais suivant la Constitution, il doit être créé un territoire plus indépendant construit sur le plateau central du Brésil, ayant quatorze mille quatre cents kilomètres carrés où sera établie la capitale. En outre, et comme ces pays sont des pays d'immigration, le gouvernement fédéral régit, en même temps que le territoire fédéral, les simples territoires non encore constitués en Etats, ce qui grossit momentanément son domaine.

Mais souvent aussi ce territoire fédéral avec destination spéciale manque, il n'y a pas non plus de roulement de capitales, et, au contraire, le siège du Gouvernement fédéral est la capitale d'un Etat puissant. Si l'on y ajoute que cet Etat peut égaler en importance tous les autres Etats réunis, on obtient l'état contraire de la Fédération pondérée, la Confédération hégémonique que nous décrirons bientôt.

Telle est, dans son ensemble, la structure de l'Etat fédératif. Quel a été et quel est son champ d'application dans la géographie et l'histoire ? Cela nous indiquera son importance, sinon comme valeur, au point de vue qualitatif, au moins comme universalisation, et au point de vue quantitatif.

Historiquement, l'aire du fédéralisme est assez restreinte. Tous les empires d'Orient l'ignorent ; ils sont unitaires et absolutistes. Rome l'a ignorée totalement à partir surtout du moment de l'Empire où la qualité de citoyen fut conférée à tous ; auparavant, elle laissait subsister en un certain sens les Confédérations locales, mais infériorisées et non représentées dans son gouvernement central ; ce n'était pas là du fédéralisme véritable. En Grèce, la cité régnait étroite et jalouse, ce qui excluait la Fédération ; ce n'est qu'à l'époque de décadence que les ligues achéenne et éolienne se formèrent en Fédérations véritables. Il faut ensuite venir aux temps modernes, pour assister à la vraie éclosion des idées fédératives. Pendant tout le Moyen-Age, l'Italie se composa d'Etats isolés, et les alliances n'y étaient que temporaires. Il en était de même en France, où les provinces étaient l'application du système d'isolation, la réunion à la Couronne étant celle du principe de l'unification. En Allemagne seulement, l'idée fédérative triompha sous l'hégémonie impériale ; elle s'appuie sur le principe que l'Empereur,

qui exerçait la puissance suprême, était électif. C'est du fait de
l'anarchie existant entre tous les Etats isolés que naquit l'idée
des diverses ligues des différentes villes entre elles ; de la Ligue
hanséatique surtout, restée célèbre, avec Lubeck pour capitale,
ayant une Diète où chaque ville envoyait ses députés. Depuis
lors, à travers toute l'histoire et après des vicissitudes, cette
idée prit de plus en plus racine en Allemagne et elle aboutit à
la Confédération du Rhin de 1806, à la Confédération germanique de 1815, à la Confédération de l'Allemagne du Nord de
1866 et, enfin, à l'Empire allemand de 1870. Ailleurs, se forme
la Confédération des Provinces-Unies, disparue depuis, fondée
à Utrecht en 1579, dans les Pays-Bas. Enfin, c'est la Suisse
qui, par des améliorations successives et en resserrant les
liens, fonde une Fédération plus parfaite à partir de son indépendance en 1315. Mais il ne s'agissait pas partout de la
véritable Confédération et, plus exactement, tantôt il y avait
Etat fédéral, tantôt simple Confédération d'Etats, tantôt simple
alliance.

Dans le Nouveau-Monde, tout régime était impossible tant
que la sécession n'avait pas eu lieu, vis-à-vis des Anglais dans le
Nord, des Espagnols et des Portugais dans le Sud. Mais à partir
de leur acte d'indépendance, les Etats-Unis se fédérèrent, et
leur exemple fut suivi peu à peu par les diverses Républiques.
Quelques-unes commencèrent par l'Etat unitaire, par exemple
le Mexique, le Brésil et la République Argentine, et passèrent
de là à la Fédération.

L'aire actuelle du fédéralisme est la suivante. En Europe,
elle comprend la Suisse, l'Allemagne et l'Autriche ; en Amérique, les Etats-Unis, le Canada, le Mexique, le Vénézuela, la
République Argentine, le Brésil ; en Océanie, l'Australasie. On
voit qu'elle est fort étendue, comprenant, en Europe, tout le
massif central ; ailleurs, un vaste territoire, l'Australasie ; en
Amérique, la totalité du Nord et la plus grande partie du
Sud. Elle contrebalance au point de vue du nombre les Etats
unitaires ; elle le fait aussi au point de vue de la civilisation. Elle
mérite donc les honneurs d'un examen attentif.

Mais il ne faut pas se contenter de mots ; il y a fédéralisme
et fédéralisme ; il y en a de différents degrés et aussi de diverses
sortes, si bien que ceux situés aux extrémités arrivent à se
ressembler à peine. Envisageons d'abord les degrés.

Ce qui différencie l'Etat fédératif de l'Etat unitaire n'est pas une mesure absolue; on peut être fédératif à demi, au quart, aux trois quarts, à tous les degrés, pour ainsi dire. Il y a certains Etats qu'il est difficile de classer. C'est que la Fédération consiste à conserver, il est vrai, l'autonomie de chaque province, mais à en resserrer le lien à divers degrés. Il peut l'être si peu que, vraiment, il n'y a qu'une simple alliance plus ou moins durable, et c'est tout ; il peut l'être tellement que chaque Etat n'existe plus que de nom, et constitue en réalité une simple province. On ne peut marquer tous ces degrés, mais deux surtout ont attiré l'attention des publicistes et même on a construit sur eux des théories assez subtiles ; on leur a donné les noms techniques de Confédération d'Etats et d'Etat fédéral ; il y a antithèse. Cependant, l'un n'est pas le minimum, ni l'autre le maximum, il y a des points au-dessus et au-dessous, mais ceux-là sont les plus saillants.

L'Etat fédératif est celui que nous avons décrit ; l'unité y est la Fédération, les Etats composants ne sont que des sous-multiples, des divisions. Au contraire, dans la Confédération d'Etats, chaque Etat reste l'unité, c'est la Confédération qui est la collection et le multiple. Tel est le principe de discrimination.

Mais son application peut sembler vague. En voici les principaux effets.

Dans l'Etat confédéré, chacun a perdu le droit de sécession ; s'il veut l'exercer, il en est empêché par le pouvoir central et même au moyen de l'exécution fédérale. Il en est autrement dans l'autre, chacun peut se retirer à son gré, ou du moins on ne peut le contraindre que par une guerre véritable.

Les modifications de la Constitution sont votées dans l'Etat fédéral à la majorité ; dans l'autre, il est nécessaire d'obtenir l'unanimité.

Dans l'Etat fédéral il y a des rapports directs entre la Fédération et chacun des citoyens, dans la Confédération d'Etats il ne peut y en avoir qu'un médiat par l'intermédiaire des chefs de chaque Etat.

La Confédération d'Etats ne renferme pas deux assemblées fédérales, mais une seule, et dans celle-là chaque Etat confédéré, quelle que soit son importance, a le même nombre de représentants, de même une seule assemblée possède les pouvoirs législatif, judiciaire et exécutif ensemble ; en outre, quand il s'agit de l'exécution, au lieu d'être faite par l'Etat fédéral, elle est presque toujours accomplie par les Etats eux-mêmes, ce qui lui donne moins de force et de régularité.

Dans cette Confédération, la répartition des compétences attribue beaucoup moins à la Fédération ; dans les relations avec l'étranger, elle est plus large, mais ailleurs plus étroite surtout en ce qui concerne la législation.

Le Tribunal fédéral y est beaucoup plus rare.

Telles sont les différences principales entre l'Etat fédératif et la Confédération d'Etats ; elles sont nombreuses et importantes, mais souvent modifiées par les Constitutions fédérales qui établissent un Etat mixte, ce qui enlève une partie de l'importance pratique de cette distinction qui a beaucoup tourmenté tous ceux qui ont érit sur le droit constitutionnel, et qui, suivant nous, n'a qu'une importance sociologique secondaire. Il ne s'agit que de degrés divisibles à l'infini.

Au-dessous de la Confédération d'Etats, se trouvent même plusieurs degrés inférieurs qui rapprochent de l'état d'isolement. Il peut y avoir simple alliance, ou union réelle, ou union personnelle. Nous ne les mentionnons ici que pour ordre.

Cette distinction faite, ce que nous envisageons dans notre étude, c'est le fédéralisme dans son plein, c'est-à-dire les caractères de l'Etat fédéral et non de la Fédération d'Etats.

Ce qui est beaucoup plus important que les degrés, c'est la qualité, la distinction qualitative des divers Etats fédératifs. C'est sur ce point que l'attention n'a pas été généralement assez appelée.

A ce point de vue, il faut distinguer : 1º la Fédération avec hégémonie et celle sans hégémonie ; 2º la Fédération monarchique et celle républicaine ; 3º la Fédération intérieure et la Fédération extérieure.

L'idée pure de l'Etat fédéral, c'est certainement celle de l'absence d'hégémonie. Tous les Etats confédérés sont égaux en droit, s'ils ne peuvent l'être en grandeur ; ce n'est jamais le chef de l'un qui peut être celui de l'Etat fédéral ; ce n'est même pas la capitale de l'un qui sera celle de l'autre ; pour l'empêcher, on crée, comme nous l'avons vu, un district fédéral et une capitale fédérale ; si celle-ci n'existe pas, on la construira ; si on ne le peut, on établira au moins un roulement entre les Etats. Chaque Etat, quelle que soit sa grandeur, aura une représentation égale dans l'une des deux assemblées. Ce n'est pas tout ; l'inégalité, même en fait, d'étendue des Etats, si elle est trop grande, est en partie évitée ; on coupe en deux les cantons ou les Etats. Enfin, jamais un Etat n'apparaîtra géographiquement enclavé dans un autre des Etats confédérés.

Mais à côté de ce type parfait, apparaît un autre type que l'on pourrait qualifier d'*impur*. Un des Etats a une prépondérance telle qu'en réalité il absorbe les autres, comme influence, en attendant qu'il les absorbe matériellement. C'est la *Fédération hégémonique*. Ses organes sont bien, par ailleurs, ceux d'une Fédération parfaite : deux Chambres fédératives, compétence partagée, droit législatif des Etats, assemblée à l'élection de laquelle chaque Etat, même très petit, a un droit de vote. Mais d'abord, les voix sont inégalement réparties entre les Etats, il y en a un qui possède la part du lion. Puis le chef de la Confédération n'est point élu ; c'est de droit le chef d'un des Etats, et ce chef est d'ordinaire héréditaire. Telle est la constitution pour l'Allemagne et l'Autriche. Ce n'est pas tout : souvent certains Etats sont enclavés dans de plus grands, leur importance en est amoindrie. Il n'existe pas de territoire fédéral, ce qui assurerait l'indépendance respective ; c'est la capitale d'un des Etats qui est le lieu de réunion. Enfin, comme ailleurs, l'une des deux Chambres fédérales est élue par les divers Etats en proportion de leur population, ce qui est bien lorsque cette population est inégale ; mais si l'un des Etats occupe les trois quarts peut-être de la surface de la Confédération, dès lors, il a la majorité acquise, et les autres ne figurent plus que nominalement. Nous avons ainsi décrit les Etats fédéraux de l'Allemagne et de l'Autriche, surtout de la première. Alors disparaissent la plus grande partie des avantages du fédéralisme. Il y a même là une cause d'erreur importante. C'est un *pseudo-fédéralisme*. Il ne faut pas mettre au compte du fédéralisme véritable les vices et les oppressions de toutes sortes qui en découlent. C'est un fédéralisme de cette sorte que Philippe et Alexandre exerçaient vis-à-vis de la Grèce. Aussi ne pourra-t-il efficacement protéger, sans doute, l'Allemagne contre l'unification despotique et l'Autriche contre la dislocation. Le fédéralisme hégémonique n'est pas le fédéralisme véritable ; il en contredit les principes. L'idée pure implique, au contraire, l'égalisation, sinon l'égalité des Etats, et la création du district fédéral.

Il faut distinguer, d'autre part, le fédéralisme monarchique et le fédéralisme démocratique. En fait, la plupart des fédérations sont républicaines. C'est, en effet, le régime qui leur convient le plus, puisque c'est un régime de liberté. Comment donc expliquer l'existence de fédérations monarchiques. Le souverain tend au pouvoir absolu et la Confédération limite son pouvoir ; il veut être héréditaire et la Confédération implique l'élection. Voici la clef de cette énigme. Les Fédérations monarchiques sont des Confédérations hégémoniques. Dès lors, tout s'explique. Elles ne gênent pas l'autorité, et, d'ailleurs, elles sont causées, en dehors de sa volonté, par ce fait que l'ensemble se compose de races différentes, qui ne peuvent être entièrement unifiées, comme en Autriche, ou d'Etats qui ont été très longtemps autonomes, comme en Allemagne.

Enfin, et ceci est la distinction qualitative la plus importante, la Fédération peut être intérieure ou extérieure.

La Fédération interne est celle que nous venons de décrire ; elle est *classique* et se borne aux limites d'un Etat ordinaire ; mais il est possible qu'à leur tour deux royaumes ou deux républiques veuillent se souder entre eux par un lien plus ou moins étroit. La différence est sensible. En Autriche-Hongrie, il y a fédération interne entre l'Autriche, la Bohême et les autres provinces ; il y a fédération externe, très faible, il est vrai, entre l'empire d'Autriche et le royaume de Hongrie. Les Etats-Unis et le Mexique forment, chacun de leur côté, deux Confédérations internes, mais elles pourraient se réunir chacune avec son gouvernement fédéral, en concluant un pacte d'alliance et même en se constituant quelques organes communs ; ce serait la Confédération externe. C'est une Confédération externe qui unit la Finlande, la Pologne et la Russie.

Autant la Confédération interne a de nombreux exemplaires, autant l'externe en a peu. On la confond, d'ailleurs, facilement avec l'alliance. C'est qu'en effet l'alliance en est le premier degré. La Triple Alliance est une Confédération rudimentaire, non davantage, parce qu'il n'y a pas d'organes communs et supérieurs. Mais si, au contraire, l'alliance se resserre, elle peut devenir une Confédération externe et même au-delà marcher à l'unification complète de deux pays.

Il n'y a pas de limites à ces deux Confédérations successives, elles peuvent englober tous les jours plus de nations. Elles pourraient s'étendre à toute l'Europe, devenir même cosmiques ; mais c'est de l'avenir, n'anticipons pas.

Seulement, retenons bien cette distinction. La Confédération externe est aujourd'hui la moins importante, parce qu'elle n'est pas pratiquée, mais si elle l'était, elle le serait beaucoup plus que l'autre. D'ailleurs, l'une conduit à l'autre par une ascension logique, et c'est un des buts de notre étude de le démontrer. C'est bien difficilement qu'on essaie de fédérer les nations entre elles pour fonder la paix universelle, si elles ne renferment pas en elles-mêmes la Fédération interne accomplie qui doit servir de type à l'autre ; mais aussi, la Fédération interne, si elle a été établie, conduira psychologiquement et socialement la nation fédérée en elle-même à se fédérer ensuite avec les autres, si ces autres sont parvenues au même résultat interne. *La Fédération appelle la Fédération.* Nous commencerons donc dans la prochaine division par la première comme base de l'autre.

Quel a été l'ordre de son évolution ? Cela fera présager sa destinée ; car l'évolution tourne rarement pour revenir en arrière et quand même le régime fédératif serait de tous points le meilleur, il périrait en somme s'il marchait contre l'Histoire ? Quel est donc cet ordre ? Est-on allé du système unitaire au système fédéral ou du système fédéral au système unitaire ? Ou bien y a-t-il eu des mouvements divergents et d'autres facteurs que l'Histoire ont-ils dirigé ou contribué à la direction ? C'est ce que nous examinerons au chapitre suivant, car la réponse sera un peu différente suivant qu'il s'agira de la Fédération interne ou de la Fédération externe.

II.

Maintenant, nous pouvons chercher à apprécier le fédéralisme et d'abord le fédéralisme interne.

Nous examinerons successivement ses avantages et ses inconvénients, sa place dans l'évolution, l'extension qui pourrait en être faite, avec son application concrète en quelques pays.

Tout d'abord ses avantages.

Ils sont immenses et de tant de sortes que nous ne pouvons guère que les énumérer, sous peine de donner à notre étude une trop grande étendue. Un des plus extérieurs, mais des plus frappants, c'est qu'il semble seul adéquat au régime républicain, quoique des monarchies l'aient employé, mais on a vu avec quelle modification spéciale, celle de l'hégémonie qui lui enlève son caractère. Le fédéralisme véritable, celui qui respecte l'égalité entre les différents Etats, et dont le chef est élu par tous et ne dépend pas de l'un d'eux, ne se rencontre que dans les Républiques. Le seul pays en Europe qui ait depuis longtemps pratiqué ce régime, c'est la Suisse, qui a toujours eu la forme républicaine. D'autre part, c'est la plus grande partie du Nouveau-Monde qui a toujours eu cette forme depuis son indépendance et qui a possédé en même temps le régime fédératif. Cependant, certains pays, le Brésil, par exemple, ont été des monarchies d'abord, mais alors ils furent unitaires ; dès que le régime républicain fut adopté dans ce dernier pays, on passa de l'unitarisme au fédéralisme. Le lien étroit qui unit les deux idées, démocratie et fédéralisme, est donc historiquement et géographiquement démontré.

Sans doute, une république unitaire est possible. En Angleterre, telle fut celle de Cromwell ; en France, celles de 1789 et de 1848 ; mais ce furent des républiques éphémères ; elles furent suivies de césarisme, les deux dernières tout au moins, et ce fut leur unitarisme qui favorisa singulièrement ce césarisme. Dans les temps anciens, la Grèce était républicaine et n'était pas fédéraliste, si ce n'est lors de son déclin, mais des ligues contre l'étranger furent fréquentes et d'ailleurs les cités n'étaient pas à l'état unitaire, mais à l'état d'isolement, ce qui est bien différent. La République romaine vécut tant qu'elle eut une certaine constitution fédéraliste, sinon formelle, du moins implicite, en laissant à chaque province le soin et le droit de se gouverner seule par ses magistrats et ses lois ; mais ce provincialisme disparut, et la République tomba en un Empire colossal, centralisé à outrance, et autoritaire. Il reste, comme exemple, celui actuel de la France qui, depuis 1870, reste en *République unitaire*. Mais, outre qu'elle a eu à combattre longtemps les anciens partis, elle a montré des velléités césariennes lors de l'aventure boulangiste, par exemple, et depuis, quoiqu'elle ait pris une tournure plus franchement démocratique, elle est déchirée par des dissensions civiles de toutes sortes qui ne lui laissent ni la tranquillité profonde helvétique, ni l'ampleur magnifique et l'équilibre des Etats-Unis ; une centralisation à outrance, en contradiction absolue avec la démocratie effective, l'empêche de réaliser le *self government,* avec l'individualisme et le collectivisme en lutte incessante et acharnée et ne permet aux principes de dominer qu'aux dépens de la paix sociale. Une Constitution fédérale aurait empêché ces troubles et ces dangers, la mettant à l'abri de tout coup de force et de tout caprice aussi bien que de toute pression d'une partie du territoire sur les autres et de toute dictature de l'esprit aussi bien que de la main. (1)

Nous n'avons pas besoin de faire ressortir ce premier avantage, ni de le détailler davantage. Remarquons, cependant, ses conséquences les plus essentielles. La première, nous venons de le dire, c'est que la démocratie serait à l'abri d'un coup d'Etat monarchique. On sait combien souvent elle a péri ainsi. L'Empire romain et les deux Républiques françaises en sont des exemples frappants à travers les siècles, si bien qu'on aurait pu croire que c'est l'aboutissement fatal des Républiques, si l'exemple de celles du Nouveau-Monde ne venait protester. C'est que rien n'est plus facile à un futur despote que de réussir dans un pays centralisé. Tout aboutit à la capitale, de même que tous les nerfs ont leur point *terminus* et leur entrecroisement dans le cerveau, si bien que la capitale règne seule, en réalité ; les provinces ne sont que les membres qui lui apportent le meilleur d'eux-mêmes. Aussi les capitales sont-elles souvent colossales. Il suffit de s'en emparer pour posséder d'un coup de filet tout le pays. Mais, dira-t-on, la conquête de la capitale doit ne pas être aisée. Nullement. Car la capitale elle-même est centralisée à son tour et, d'ailleurs, n'a-t-elle pas dans son sein la représentation nationale, qui est la quintessence du reste du pays, et l'armée, qui est souvent nationale aussi et non régionale ? Mais l'armée se concentre à son tour dans les ministères et le chef de l'Etat, et le Parlement dans les ministres. Le pouvoir au sommet peut dissoudre le Parlement et, en attendant, l'emprisonner un moment pour étouffer sa voix ; il commande l'armée et la ville est conquise ainsi sans coup férir. L'Empire est proclamé, et habitué à obéir le surplus du pays suivra. Telle est l'histoire bien connue de Brumaire et de Décembre. Sans doute, elle devient heureusement plus difficile à recommencer, car le passé avertit ; d'ailleurs, il faut un certain appui de l'opinion publique, sincère ou faussée. Evidemment, un tel coup d'Etat survenu tout à coup, comme la foudre dans un ciel serein, n'aurait pas de succès, mais les

(1) Nous devons noter qu'en ce moment une proposition est déposée au Parlement français d'une décentralisation imitant le système fédératif, quoique incomplète.

républiques, comme tous les gouvernements, commettent des fautes et des fautes graves, et celles-ci, dans un Etat centralisé, se trouvent plus graves encore ; elles ont partout leur répercussion immédiate ; ce ne sont plus des demi-fautes limitées, soit à un coin du territoire, soit à un ordre d'idées purement fédéral. Tout le monde est obligé de les commettre en même temps. Comme toutes les fautes, elles portent leur fruit naturel, une faiblesse qui donne prise contre soi aux entreprises des ennemis ; c'est alors que le coup de force, appuyé sur un certain mécontentement, réussit. Si l'Etat est fédéral, il n'en est plus de même ; d'abord, les fautes ne seront que partielles, ne se propageront pas toutes ; puis la réaction contre elles, si elle a lieu, n'aura pas les mêmes effets. Qu'importe qu'une main hardie soit mise sur le pouvoir central, sur les commandements en chef de l'armée, sur le Parlement ! Il y a ailleurs des pouvoirs régionaux, constitués à part, se réunissant automatiquement, des milices régionales avec leurs chefs locaux, des petits Parlements provinciaux dont nos Conseils généraux ne sont que l'embryon, habitués non seulement à administrer, mais à légiférer, à constituer une Chambre centrale qui en dépend, à agir de leur propre initiative. Le coup d'Etat ne pourra prendre que la capitale et quand il y exercerait sa force la plus vive, tout le reste lui échapperait.

Mais la mise en danger du régime démocratique régulier, et souvent sa destruction, ne proviennent pas toujours d'un coup d'Etat proprement dit ; à l'instar des anciennes tyrannies de la Grèce antique et de l'Italie du moyen-âge, elle se fait souvent par le *pronunciamiento* militaire ; tel était le cas constant sous la République romaine et surtout sous l'Empire pour changer d'Empereur, tel fut aussi le cas dans l'Espagne et les pays espagnols modernes. C'est alors l'armée qui fait les révolutions, jamais celles démocratiques, mais toujours celles despotiques. Par la force qu'elle possède, elle les impose ainsi à tout le pays, et rien ne peut résister à un général heureux. Non seulement son succès entraîne ensuite au militarisme, aux déclarations de guerre, aux conquêtes et défaites, résultat des *stratarchies,* mais toute liberté est détruite, ainsi que tout progrès ; une oppression effroyable en est la conséquence. Non seulement les républiques n'en sont pas exemptes, mais ce sont elles qui en sont les plus fréquentes victimes. Seulement ce sont les républiques centralisées. Il n'en a pas été de même dans celles fédéralisées, comme aux Etats-Unis et en Suisse, C'est dans la République française unitaire que l'attentat du général Bonaparte est devenu possible. En effet, dans un gouvernement fédératif, chaque Etat apporte son contingent fédéral dont la fusion complète ne s'opère pas avec les autres; d'ailleurs, il garde sa milice provinciale. Enfin, chaque citoyen exercé accourrait à l'appel de son propre Etat ; il n'y a jamais obéissance passive d'Etat à Fédération. La proclamation par l'armée serait arrêtée par une proclamation contraire de tous les Parlements des Etats qui lèveraient des troupes à leur tour. Il n'y aurait même pas guerre civile, car la force de résistance serait tout de suite assez grande pour l'empêcher.

Enfin, dans le même ordre d'idées, celui de la stabilité du gouvernement démocratique, chez un gouvernement centralisé un autre danger est encore à craindre : celui de l'émeute fomentée par quelques citoyens à leur profit ou à celui d'idées qu'une minorité voudrait imposer, majorité peut-être dans la ville, mais minorité dans le pays. Si celle-ci triomphe, soit par l'inertie de l'ambiance, soit parce que cette ambiance immédiate est favorable, l'ensemble du pays suit souvent, à son tour, par son inertie propre, ou parce qu'habitué à être gouverné par la capitale il croit que ce qui triomphe dans celle-ci est l'expression de la volonté du pays tout entier ; il obéit à une erreur; c'est la conséquence de l'abandon ordinaire de soi-même. Or, ce succès ainsi obtenu est souvent funeste ; s'il est réactionnaire, il reconduit tout à coup l'avenir vers le passé ; s'il est révolutionnaire, il introduit subitement, même parfois, des progrès, mais que l'estomac de la nation n'est pas capable de digérer encore, ou qui est d'ailleurs mal agencé, ce qui provoque pendant longtemps ensuite un dégoût de ce qui même serait excellent, d'où proviennent souvent des regrès qui durent. Cela ne serait pas possible dans une Fédération. L'insurrection triomphante ne pourrait plus se contenter d'une ratification inconsciente et de forme ; elle serait contrôlée, admise ou rejetée après examen sérieux et libre, elle ne serait qu'une invite parfois utile pour secouer la torpeur, mais rien de plus. Ce n'est pas tout ; le siège du gouvernement ne se trouverait plus dans une capitale, siège en même temps du gouvernement d'un Etat et qui s'adjoint la force d'un Etat tout entier, ni surtout dans la capitale d'un grand pays, à Paris, par exemple, ce qui donne à cette capitale la valeur du pays entier, mais dans une ville souvent de médiocre importance, située sur un territoire fédéral qui, lui-même, est peu considérable, et qui, par conséquent, n'a pu acquérir une énorme influence. Tel est le but de cette création si ingénieuse du district fédéral et de sa capitale qui, quelquefois, est encore à construire ; tel fut le but en France, quoique sous un gouvernement à tendances réactionnaires, par ailleurs, lorsqu'on transporta à Versailles le siège du Parlement et aussi le siège du Congrès pour l'élection du Président de la République.

Par là même, une des plaies des républiques, aussi bien que des monarchies, le militarisme, se trouve empêché ou atténué ; nous verrons qu'il l'est davantage par le peu de chance qui restera de déclarer la guerre ou d'y être exposé. L'Etat unitaire entraîne par définition une armée unitaire et, par conséquent, énorme et sous une direction constante, unique ; l'Etat fédéral entraîne, au contraire, une armée fractionnée et point constamment en activité. Elle est moins en honneur et s'absorbe dans l'accomplissement de son devoir. Elle ne s'élève plus à des prétentions au-delà, prétentions auxquelles une masse énorme, un bloc militaire conduit irrésistiblement. Elle se tient dès lors derrière le pouvoir civil plus compréhensif et ne cherche plus à le dominer. Autrement, l'armée sort toujours de ses limites, favorise les coups d'Etat, constitue une aristocratie militaire, et d'autre part, s'oppose à l'internationalisme qui lui est directement contraire. Aussi, l'expérience prouve que les Etats fédérés ne sont pas militaristes, ni la Suisse, ni les Etats-Unis, et si ces derniers semblent depuis peu l'être devenus davantage, c'est dans une faible mesure. L'idée de patrie elle-même s'est tempérée et ne peut conduire au chauvinisme. On est citoyen d'un Etat, avant et plus que celui de la Confédération ; entre la petite patrie amplifiée et la grande, l'esprit hésite un peu ; si l'on défend la seconde, c'est surtout pour protéger la première ; le cœur national se divise et se répartit ; dès lors, l'exagération n'est plus possible, les préjugés mesquins et étroits s'effacent et le cœur élargi peut concevoir, dès lors, pratiquement la patrie de l'humanité.

Le fédéralisme agit puissamment sur deux choses les plus précieuses : la paix extérieure et la paix intérieure.

Ces deux paix sont incontestables et le procédé qui pourrait les obtenir aurait par là même la supériorité sur tous les autres.

A l'intérieur, le fédéralisme empêche la formation des Etats colosses ; or, on sait que c'est l'existence de ces Etats qui est une invite perpétuelle à la guerre. Si l'Europe ne se composait que de petits Etats, quelle qu'en soit la forme de gouvernement, comme la Suisse républicaine, ou la Belgique ou la Hollande monarchiques, ou le Portugal ou la Norwège, il y aurait peu de probabilité de guerre, même restreinte et temporaire. Il serait facile d'en éteindre toute velléité par des institutions appropriées, ou d'arrêter la guerre commencée par une bienveillante intervention, et au besoin de l'imposer. Aucun pays ne pourrait plus rejeter dédaigneusement l'arbitrage des autres et s'en remettre, suivant l'expression usitée en Prusse, *à Dieu et à sa bonne épée.* L'épée resterait au fourreau et Dieu, si souvent invoqué à leur seul profit par des adorateurs d'anthropomorphisme, ne s'en plaindrait pas. Pourquoi ? Parce que ce qui amène presque inévitablement la guerre, c'est la masse énorme des peuples voisins. La France, l'Allemagne, l'Autriche, la Russie, l'Angleterre sont des nations de première force, ethnique, territoriale, de civilisation, de passé et d'avenir ; elles sont proches voisines ; elles cherchent à se décharger du trop-plein de leur population et aussi du trop-plein de leurs marchandises, ce qu'elles ne peuvent faire sans heurter l'intérêt des autres ; elles ont aussi une provision d'orgueil national, d'aspirations intellectuelles ; la lutte pour la vie se double de la lutte pour la primauté ; d'autre part, pour se défendre au besoin, elles renforcent leurs armements, dépensent dans ce but le plus clair de leurs revenus, souvent plus qu'elles ne peuvent dépenser ; elles rivalisent dans l'art de la mort et dans les besoins de la vie, et elles pourraient se tendre fraternellement la main ! Cela est impossible. La faute n'en est pas à elles-mêmes, mais à leur masse. *Masse oblige* et contraint ici, comme elle contraint les astres à graviter dans l'espace. Que faire alors pour réprimer l'étendue et la force élastique et brutale de ces masses dans l'intérêt de la paix ? Faudrait-il les couper en deux tronçons ? Elles résisteraient et la justice s'indignerait. Ce sont des corps naturels qui doivent vivre en cohésion ; l'*Histoire* les a composées, *cette matière du temps ;* une telle dissolution ne serait même pas au profit du genre humain, ce serait une déperdition de forces. Il faut cependant qu'elles ne soient plus nocives. Pour cela, il suffira de les *dilater.* Les parties diverses ne seront plus dans ce lien serré qui rend

l'ensemble formidable ; elles seront rendues distinctes, autonomes, jointes par un ciment fédéral seulement. Dès lors, il
pourra encore y avoir des chocs extérieurs, mais plus de choc
fatal.

Il faut l'établir par des exemples concrets. Entre la France
et l'Allemagne, l'Alsace-Lorraine est la pomme de discorde
permanente ; elle doit être de la *masse française* ou de la *masse
allemande*. Si l'un des pays la détache de l'autre pour la rattacher à la sienne, voilà la guerre rallumée ; l'Histoire l'a mise
tantôt d'un côté, tantôt de l'autre, jamais définitivement. On
propose des expédients : l'Alsace disposerait de son sort ; on
comprend que, si le vaincu y consent, le vainqueur ne le veuille
pas ; elle serait neutre, il en est de même ; elle reviendrait d'où
elle est partie, même résultat ; elle resterait où actuellement elle
se trouve, même refus de l'autre côté ; personne n'y renonce
une fois pour toutes. Si, au contraire, les deux pays, la France
et l'Allemagne, sont tous deux des pays fédérés, il deviendra
beaucoup plus indifférent aux Alsaciens-Lorrains d'être Français ou Allemands ; France ou Allemagne ne sera plus pour
eux qu'une seconde patrie, plus éloignée, en second ressort ; ils
auront, dans tous les cas, leurs tribunaux nationaux, leurs
parlements, leur administration, ils resteront bilingues, il n'y
aura plus vraiment de question alsacienne.

De même, si la Bohême formait de tous points un Etat avec
autonomie complète, sauf alliance avec un autre Etat en fédération, il lui serait indifférent de se trouver en Empire d'Allemagne ou en Empire d'Autriche ou en Empire de Russie, car,
dans tous les cas, elle se trouverait et resterait chez elle.

Donc voilà des causes de guerre enlevées, et les plus vives ;
mais les plus grandes puissances elles-mêmes, la France,
l'Allemagne, n'auraient plus la même raison de se battre ; elles
domineraient si peu l'une ou l'autre en Alsace-Lorraine, que
cela n'en vaudrait vraiment plus la peine.

Ce qui est plus important encore, elles n'y seraient plus
invitées par leur masse même, car cette masse n'existerait
plus, elle serait devenue légère par ses interstices intérieurs.
Cela est analogue à ce qui se produit dans le monde physique.
C'est la condensation extrême qui amène les chocs du dehors ;
les masses resserrées se précipitent de tout leur poids, le
moindre frottement allume le conflit. Cela est si vrai que si,
entre ces masses, se trouvent intercalés de petits Etats, le

heurt serait moins violent. Si, entre la France et l'Allemagne, on introduisait de nombreux Etats, comme la Belgique, le Luxembourg et la Suisse, le conflit s'amortirait ; il faudrait violer la neutralité de beaucoup de ces Etats ; cela seul ferait réfléchir l'agresseur. Combien plus, si ces petits Etats se trouvent en l'Empire même ! Sa masse énorme se trouvera divisée, répartie, distendue. Il n'agira plus d'un seul trait, comme un ressort qui se détend, la tension, d'ailleurs, étant moins forte. Il y a là un effet d'autant plus sûr qu'il est purement mécanique. Le grand Etat sera encore un colosse dans son extérieur et en apparence, mais à l'intérieur, ce ne sera plus qu'un agglomérat harmonique de petites masses de grandeur naturelle.

Ce n'est pas seulement en détruisant le choc, autrement inévitable, des masses, que le Fédéralisme empêche la guerre à l'extérieur, c'est aussi de plusieurs autres manières. C'est ainsi qu'il diminue les ambitions de chaque peuple. Le régime démocratique agit déjà dans ce sens, car ce sont les monarques surtout qui sont dévorés du désir des conquêtes ; mais aussi quelquefois ce sont les républiques unitaires, soit pour l'usurpation sur les voisins, soit pour les entreprises coloniales ; la fausse gloire les y conduit et le faux nationalisme. Il en est autrement de la Fédération. Un accroissement de territoire pourrait lui donner une province de plus, mais cette province deviendrait un Etat, serait presque autonome, ne partagerait pas ses propres ressources, ne se laisserait nullement exploiter ; ce serait peut-être longtemps une charge, dont on n'aurait pas plus tard le profit ; aussi l'ardeur guerrière n'est pas très grande. Celle même de la colonisation est modérée ; ce n'est pas à la Fédération, c'est à chaque Etat de coloniser ; la Fédération se borne à accorder son appui.

Mais c'est plus directement encore que le pacifisme de la Fédération se fait jour. Dans les autres Etats monarchiques ou républicains, le pouvoir central décide de la paix ou de la guerre. C'est bientôt fait. La déclaration de guerre retentit partout comme un coup de foudre et si plus tard l'opinion publique veut l'arrêter, il n'est plus temps. On a dit, par exemple, en France, « à Berlin » et autrefois, en Allemagne, « à Paris » ; en matière internationale, ce n'est plus comme en matière de politique religieuse ; on ne peut plus s'en retourner à Canossa, malgré tous ses repentirs. En sera-t-il de même dans un pays fédératif ? Sans doute, c'est la Fédération, et non les

Etats, qui déclare la guerre, mais dans le Parlement fédéral, toute une Chambre sur deux appartient aux Etats confédérés ; elle fera entendre sa voix. Ce n'est pas tout ; chaque Etat, de par son autonomie de droit et de fait, a son avis différent ; il l'émettra, ce ne sera pas négligeable ; l'ensemble ne saurait passer outre sans le consulter. Or, chaque Etat sera porté vers la solution pacifique ; il n'a pas le même amour-propre que la Confédération dans son centre, il ne se trouve pas en contact direct avec l'étranger ; la voix plus froide de la raison et des intérêts dominera chez lui. Aussi, les Etats fédératifs, grands ou petits, sont-ils fort peu belliqueux. Il en est ainsi, même des Fédérations monarchiques, quand elles ne sont pas trop hégémoniques. La Confédération allemande, avant sa reconstitution autoritaire par la Prusse, était parfaitement inoffensive ; de même les Etats isolés d'Italie, et cette situation, quoique mal organisée et funeste pour les pays qui la subissaient, était avantageuse au point de vue de la paix.

Telle est l'action du Fédéralisme pour la paix extérieure. Elle n'est pas moins puissante pour la paix intérieure. Cette paix est troublée actuellement de plusieurs façons dans les pays centralisés et pourrait l'être dans les autres. Voici, par exemple, une province annexée à un grand pays, et confondue avec lui, quoique ses intérêts soient différents, et qu'il y ait des répugnances ethniques. Que se produit-il dans un Etat unitaire ? Cette province réclamera une demi-autonomie spéciale qui lui sera refusée ; tout moyen légal lui manquera de l'obtenir, car elle n'a que la minorité des voix dans l'Assemblée commune ; c'est, par exemple, l'Irlande vis-à-vis de l'Angleterre. Elle en sera réduite à la révolte, qui doit aboutir à une sécession. Presque toujours, elle échouera, sera écrasée et perdra ce qui lui reste d'indépendance. Ainsi réduite, elle sera une cause de trouble incessant pour le reste du pays. Ce qu'elle réclamait était pourtant fort simple, le *home* collectif consistant dans un peu d'autonomie. Mais, si on le lui accorde, elle va former une puissance dans une autre puissance, ce qui est une infériorité pour l'ensemble du pays. Il en serait autrement si celui-ci était déjà en état de Fédération ; ce ne serait plus que l'application du droit commun ; les autres provinces ne pourraient réclamer. Il n'en est pas ainsi ; c'est pourquoi le refus de l'autorité centrale est persistant, la querelle s'envenime, la guerre civile s'allume, celle de sécession.

Ce n'est pas toujours celle de sécession, mais c'est une autre guerre civile. Une province peut ne pas avoir d'intérêts provinciaux lésés, mais des convictions personnelles qui sont autres que celles du surplus du pays. La civilisation, en effet, peut être inégale sur toute la surface, ou les sympathies politiques, les coutumes religieuses, les aspirations sociales, se trouver tout autres. Souvent, telle province a conservé les goûts et les idées du passé, plus que la capitale; cependant, elle sera, dans un pays unitaire, forcée de subir les institutions contraires. Ce n'est pas en soi un mal, mais le pays, dans son ensemble, agit, dans ce sens, brutalement, sans mesures transitoires, et veut imposer sa volonté, sous forme de loi, du jour au lendemain. C'est une des sources les plus redoutables de guerre civile, d'autant que l'idée autonomiste, qui est juste, se mêle aux autres et les renforce. La contrainte même appelle la révolte, et le martyre, même seulement prétendu, amène de nouveaux coreligionnaires. C'est ce qui est arrivé en France. La Vendée, contrariée dans ses sentiments religieux, se révolta contre des innovations brusques ; celles-ci étaient conformes aux sentiments de la capitale et de beaucoup de provinces, mais, sur ce terrain, se trouvaient antipathiques. L'uniformité exigeait qu'on les imposât. La lutte fut courte, mais acharnée. Elle se propagea dans tout l'Ouest et ce qui lui donna plus d'élan fut que ces pays étaient restés longtemps pleinement autonomes. Dès que l'action se fit moins dure, la rebellion cessa, et Hoche, pour ce résultat, obtint plus avec son caractère qu'avec ses armes. Si la République avait été fédérative, au lieu d'être militaire, cette lutte sanglante eût été épargnée. Bretagne et Vendée auraient conservé quelque temps leurs institutions religieuses, mais se seraient ralliées peu à peu à l'ensemble ; ce qui le prouve, c'est que, dès que la persécution cessa, la guerre finit bientôt, avec toute velléité de sécession.

Enfin, au point de vue de la paix intérieure, le fédéralisme est un puissant facteur à un autre titre. Lorsqu'un grand pays n'a pas encore atteint sa pleine formation historique, et se compose d'Etats indépendants, ces Etats sont en lutte incessante les uns avec les autres pour le moindre motif ; telle était la situation en France et en Allemagne au moyen-âge. Cette situation prend fin par la réunion de toutes les provinces à la Couronne, mais le bienfait s'achète alors trop cher, la pacification est acquise au prix de la perte de toute autonomie.

Elle cesse autrement par la Fédération, et c'est le bon moyen. Les provinces renoncent alors formellement à se faire la guerre sous aucun prétexte, elles ont dès lors un juge commun, qui est la Fédération. Sans doute, il peut y avoir des rebellions d'un autre genre, mais elles cessent vite, car la Fédération entière intervient et, au moyen de l'exécution fédérale de l'Etat récalcitrant, empêche la lutte ultérieure. Ce résultat est plus important dans des Confédérations où il y a certains Etats qui atteignent l'étendue de la moitié de la France, par exemple; alors, un de ces Etats pourrait devenir facilement oppresseur, ou se livrer pour lui-même à une guerre, cruelle peut-être, contre un ou plusieurs autres ; la Fédération deviendra la Providence commune.

C'est d'une autre manière encore qu'il y a accord naturel entre l'idée fédéraliste et l'idée pacifiste. Le fédéralisme prépare les esprits dans chaque Etat à l'idée de paix. On sait qu'en cas de conflit avec un autre Etat, autonome aussi, il n'y aura pas lutte, mais recours à un tribunal supérieur, qui n'est autre que la Confédération elle-même ; on ne s'armera donc point d'avance, on acceptera même d'avance la solution qui sera donnée. Qu'une guerre soit ensuite sur le point d'éclater entre l'Etat et un pays étranger, il n'y aura point non plus de lutte, ni même de pourparlers, on s'adressera à la Confédération, qui se charge de tout, qui négociera elle-même avec le pays étranger ou déclarera la guerre, les colères s'amortiront ainsi, en filtrant à travers l'intermédiaire constitutionnel. C'est déjà un grand profit pour l'esprit pacifiste, mais ce n'est pas tout. Lorsque le pays tout entier sera en conflit avec un pays voisin, si les deux sont fédéralistes, les esprits seront tout disposés à accepter l'intervention d'une tierce puissance, ils le seront même à conclure au-dessus d'eux une Fédération supérieure, appelée seulement à assurer la paix entre eux. Dès lors, la Fédération externe, que nous décrirons plus tard, suivra. Celle interne lui a donné naissance par une genèse logique ; car la Fédération appelle la Fédération, de même que la concentration de provinces appelle la concentration, par la conquête, de plusieurs pays.

Elle résout mieux que tout autre procédé la participation réelle de tous les citoyens à la direction de la collectivité. On sait qu'en droit, au moyen du suffrage, cette participation est assurée, surtout dans les pays de suffrage universel, mais

il n'en est pas de même en fait, et cette participation égale
reste une fiction. Voici, par exemple, trois partis : l'un est
celui de la moitié des citoyens plus un, l'autre celui du quart
moins un, l'autre enfin, celui du quart juste. Que va-t-il
advenir, en France, dans des élections, en supposant un
collège unique ? C'est qu'en prenant pour règle la majorité
relative dès le premier ou le second tour, un seul parti sera
représenté, la moitié moins un des électeurs restant sans
député. S'il y a plusieurs collèges, le résultat est moins
choquant, car, dans toute province, la majorité n'est pas
dans le même sens, mais il naîtra un inconvénient autre : les
voix éparses dans l'ensemble du pays, insuffisantes pour
donner la majorité dans une circonscription prise à part, ne
seront pas comptées, et l'écrasement d'une minorité en sera
encore l'effet. On a cherché à y remédier par la représentation
des minorités, qui a tout d'abord trouvé sa réalisation législative en Belgique. Dans l'exemple ci-dessus, sur quatre
députés, un parti en aurait deux, et chacun des autres en
aurait un ; rien de plus juste, mais le résultat est-il atteint ?
Il ne le serait que s'il se retrouvait dans l'aboutissement
dernier, dans le vote de la loi. Sans doute, on aura déjà cet
effet précieux que tous les partis pourront se faire entendre
à la Chambre, dans la proportion où ils existent dans le pays ;
ils pourront, par des raisons valables, empêcher une résolution
injuste ou funeste, et si les foules obéissaient seulement à
l'empire de la raison, ce serait assez. Mais cette situation idéale
est loin d'exister, beaucoup de majorités votant de parti-pris.
La présence des minorités aura été inutile, elle n'aura que la
valeur d'une protestation. C'est que la part politique d'une
minorité ne devrait pas être seulement dans la discussion, elle
devrait se trouver aussi dans le vote lui-même. Seulement,
comment pouvoir l'y réaliser ? Directement, c'est impossible ;
le vote n'est pas, comme l'élection, indivisible. Du moins, il
le semble, mais il devient divisible si le pays est fédéré et si,
comme dans toute Fédération, le pouvoir législatif, sauf
certaines réserves, est conservé à chaque État. Dans un tel
État, d'abord les intérêts sont les mêmes, quoique souvent
opposés à ceux des autres; les coutumes, les idées sont les
mêmes aussi. Elles ne seraient peut-être pas représentées
assez dans l'ensemble du pays, mais elles le sont suffisamment
ici. La majorité locale, minorité ailleurs, les fera triompher.

Voici la vraie représentation des minorités, la représentation
effective, elle s'accomplit par le seul jeu de l'Etat fédératif. Si
le fédéralisme, en ce tout à fait libéral, procure une représentation complète du pays qui, autrement, redevient un pur pays
légal, il favorise aussi le libéralisme, en ce qu'il est destructif,
et, faute de mieux, diminutif du pouvoir absolu. Cela est bien
remarquable, surtout lorsque ses effets se produisent en pleine
monarchie. Par induction, il amène à des principes de démocratie. Quoi de plus singulier qu'un ensemble de pays qui,
chacun chez soi, pratiquent le régime électoral restreint, censitaire, et exigent même un cens considérable, et parfois même un
cens terrien, et qui, pour le gouvernement fédéral, proclament
le suffrage universel ? C'est cependant le cas de l'Allemagne
actuelle. Le suffrage, censitaire en Prusse, en Saxe, en Bavière,
est universel pour l'élection au Reichstag. Cela marque bien
l'influence de l'idée fédérale sur les autres idées politiques les
plus contraires, elle les amollit, les accommode, y donne jusqu'à
un certain point la sensation d'une république. Dès lors, le
chef de la Fédération, s'il est le souverain absolu d'un Etat,
ne peut plus être que le monarque constitutionnel de la
Fédération.

Il a aussi le mérite de rendre possibles des institutions qui,
sans lui, n'existent ni dans les monarchies, ni même dans les
républiques. C'est ainsi qu'il semble que le recrutement des
juges dans une démocratie doive se faire par l'élection ; nous
réservons notre opinion sur l'opportunité de cette mesure.
Mais le procédé est-il appliqué ? Oui, dans les Républiques
fédérales : la Suisse, les Etats-Unis ; non dans les autres, la
France, par exemple ; ce corps y dépend du pouvoir central
par voie de nomination. Pourquoi ? C'est à cause même de la
centralisation. Pour qu'un juge soit nommé par les citoyens, il
faut qu'il soit rapproché, qu'on puisse le connaître, qu'il n'y ait
pas l'avancement procuré par le pouvoir central l'envoyant
d'un point à un autre du territoire, que le juge n'ait pas une
véritable carrière dans la judicature, de telle sorte qu'une non-
réélection ne devienne pas pour lui un véritable désastre ; qu'il
ne se rattache pas à la politique générale et centrale, car ainsi
il devient un véritable politicien ; il faut, d'autre part, que les
citoyens aient pris l'habitude de voter sur leurs propres
affaires assez fréquemment et localement, pour ainsi dire, sans
s'occuper des querelles générales du pays ; ils désireront alors

surtout nommer des juges intègres ; ceux-ci n'auront pas de promesses à leur faire. En un mot, le juge élu ne peut être qu'un juge provincial ou communal dans la force du terme, un juge local, hors carrière, hors ambition, sans lucre et sans avancement. Le fédéralisme peut seul le créer.

D'ailleurs, c'est toute la vie communale qui en dépend. Nous ne nous sommes occupé que de l'Etat, région, ou province, ou canton (de l'étendue du canton suisse) ; mais le communalisme mériterait, après le fédéralisme, une monographie spéciale ; on devrait lui assurer son autonomie propre. Nous ne pouvons en dire ici que quelques mots. C'est certainement la cellule sociale ; le mir russe en est l'exemple le plus frappant et autrefois, chez nous, les communautés de village. Leur vie devient de plus en plus effacée sous le régime unitaire ; mais le régime fédératif la leur redonnerait ; il ne créerait pas seulement l'Etat, mais aussi la commune ; l'un ressusciterait l'autre. Elle deviendrait à son tour un petit centre ; c'est elle qui donne la vraie démocratie ; l'arbre ne pousse des feuilles vigoureuses que s'il est plein de sève dans ses racines. Cette autonomie des villes a été remarquable à plusieurs époques de notre histoire ; la Commune de Paris, après la guerre de 1870, en a été un exemple : avant celle-ci, un autre mouvement similaire avait éclaté dans la même ville lors de la Guerre de Cent ans. C'est la preuve d'une vitalité. L'extrême concentration tend, au contraire, à dépouiller les communes de la plupart de leurs droits.

Le fédéralisme rend seul possibles d'autres institutions démocratiques que celles que nous venons de citer. Il en est une surtout qui, suivant nous, est appelée à se développer et qui n'est possible ni dans les pays monarchiques, ni sous les républiques unitaires : c'est le gouvernement direct, soit pur, soit mêlé au gouvernement représentatif ; il peut se rencontrer, il est vrai, dans les Etats isolés, mais non dans ceux unitaires, qui sont bien différents. On sait en quoi il consiste. Dans les républiques ordinaires, le pouvoir législatif est exercé par des députés ; le pouvoir exécutif, par les délégués de ces députés ; et le pouvoir judiciaire, par les délégués de ces délégués ; le peuple n'intervient qu'un instant, le moment unique où il dépose son bulletin de vote dans l'urne, puis il se rendort, en France, par exemple, pendant quatre ans. Durant cette période, ses représentants parlent et agissent comme bon leur semble, peuvent le tromper en suivant une politique différente de celle promise, et, ce qui est plus fréquent, commettre des fautes graves et personnelles dans l'exercice de leur mandat. En vain, au moyen de la théorie du mandat impératif, quelques-uns ont-ils cherché à mettre fin à cet abus dangereux ; ils n'y ont pas réussi. Enfin, il est des questions tellement importantes, celles de la paix et de la guerre, par exemple, qu'il est difficile de les confier à des mandataires et qu'il faudrait, semble-t-il, les résoudre soi-même, car elles sont de vie ou de mort.

C'est alors qu'apparaît l'idée du gouvernement direct ou plutôt, avec un certain circuit, celle d'un système mixte entre le direct et l'indirect. Le gouvernement direct pur et qui existait dans certaines cités grecques, Athènes, par exemple, est celui de certains cantons suisses.

Le peuple réuni fait les lois, rend la justice, décide de la paix ou de la guerre. Un tel régime suppose un territoire exigu ; ce n'est pas sur lui que nous attirons l'attention. Plus tard, le peuple nomme des députés qui rempliront ou feront remplir toutes ces fonctions pour lui. C'est le gouvernement, direct entièrement, qui succède au gouvernement entièrement indirect ; nous venons d'en signaler les inconvénients.

Mais il est possible de réunir les avantages des deux ; c'est le *gouvernement indirect avec referendum*. Le peuple nomme des mandataires qui gouvernent pour lui, mais ceux-ci doivent lui soumettre toutes les questions importantes, notamment les questions constitutionnelles, lui en référer. En outre, le peuple peut intervenir de lui-même en certains cas ; enfin, il doit ratifier les lois.

Nous n'avons pas ici à discuter la valeur du gouvernement referendaire. Mais c'est certainement une institution très démocratique. Eh bien ! il ne fonctionne que dans les républiques fédératives, non dans les autres. C'est qu'il n'est possible que là ; il exige un territoire restreint pour que l'appareil mis en œuvre ne soit ni compliqué ni formidable. D'ailleurs, c'est sur les questions locales, celles d'intérêts, que le vote referendaire s'exerce le mieux ; ce sont celles qui sont de la pleine compétence populaire.

Ce n'est pas dans l'ordre social et politique proprement dit seulement que le fédéralisme fait sentir ses bienfaits, mais aussi dans l'ordre psychologique et intellectuel. Il s'agit de savoir si le pays est mieux éclairé par un seul globe lumineux très intense ou par plusieurs. Il faut envisager ici, à la fois, le point de vue subjectif et le point de vue objectif. Sans doute, c'est l'objectif qui domine; on se demande alors si les progrès de la science et de l'art sont plus grands dans un cas ou dans l'autre.

En France, par exemple, la science officielle, l'art, la littérature se concentrent à Paris ; les essais de décentralisation, de ce côté, ont peu réussi. En Allemagne, au contraire, Berlin n'est pas une ville plus rayonnante que les autres, mais il y a une foule d'universités illustres ; le contraste est frappant. Quant au résultat, il peut y avoir controverse : en ce qui concerne la littérature, la France est supérieure; pour la science et les arts, il y a équilibre. Mais le seul facteur n'est pas le degré de centralisation, mais aussi l'Histoire, le climat, le caractère des peuples. Du côté subjectif, il y a moins d'incertitude, et l'avantage est, cette fois, décisif en faveur de la décentralisation intellectuelle. L'instruction est plus répandue avec les universités nombreuses et autonomes de l'Allemagne, non seulement la primaire, mais la supérieure, dans toutes les branches, la spécialisation y est plus grande. C'est que les universités locales sont plus à la portée de tous. En outre, la lutte pour la science est plus facile lorsqu'elle est, pour ainsi dire, divisée territorialement ; on ne se trouve plus, à la fois, en concours avec tous, il y a moins de découragement possible. A son tour, le public comprend mieux ce qu'il voit de près, et, par conséquent, le goût et l'estime de la science se répandent davantage, ce qui est un nouvel encouragement pour les savants. Tel est l'effet de la multiplication des foyers par le fédéralisme. Sans doute, en dehors de lui, on peut multiplier les universités, les individualiser, mais leur autonomie isolée n'aura pas de racines, il faut qu'elle plonge dans l'autonomie générale.

En toute matière, du reste, le fédéralisme distribue la vie sociale entre les diverses parties, et empêche qu'elle ne se porte tout entière au sommet, vers la capitale, et n'y cause alors une de ces congestions sociologiques qui sont quelquefois mortelles ou, tout au moins, nuisent à la santé ethnique, comme la congestion à celle du corps. Dans les systèmes contraires, les parties éloignées de la tête sont frappées de nécrose complète et, si le bloc venait à être coupé, le tronçon éloigné, ne pouvant plus se rejoindre, ne pourrait se réorganiser séparément.

Si nous nous plaçons au point de vue pratique, nous décou-
vrons un bienfait du fédéralisme, peu remarqué jusqu'à ce jour
et fort curieux. Il l'est d'autant plus que cet avantage provient
précisément d'un point où la supériorité de l'Etat fédéral serait
le plus contestable.

Nous avons vu que, dans ce système, chaque Etat conserve
le droit de légiférer, sauf les cas réservés expressément au
pouvoir fédéral, c'est la conséquence de l'autonomie. Appliquée
aux lois particulières et d'intérêt pour ainsi dire local, à celles
de police et d'administration, à celles du détail politique,
il est sans reproche ; au contraire, s'il s'agit des grands Codes,
surtout ceux du commerce et du droit civil, celui de la procédure, il vaut mieux une loi uniforme pour tout le pays. On voit
donc que l'autonomie législative fédérale n'est bonne que par-
tiellement ! Eh bien ! dans toutes ses parties, elle peut cependant
produire un effet social fort utile. On sait que le changement
de législation, sur un point important, n'est pas sans danger.
L'innovation est excellente, en théorie, elle s'appuie même sur
l'expérience d'autres peuples. Mais sera-t-elle utile chez nous ?
On ne peut le dire d'une façon certaine avant de l'avoir
éprouvée, car des froissements de la pratique, il faut tenir
compte. On en fera donc l'essai. Le pays tout entier va voir
une de ses habitudes, de ses conditions, modifiée. Rien de
mieux, si l'expérience réussit, mais si, au contraire, elle est
défavorable, il va falloir abroger la loi nouvelle. Cela ne se fait
pas sans dommage, ni même sans une sorte de blâme au législa-
teur et aux penseurs qui l'ont précédé. Pourquoi tout remuer
en vain, sans avoir la certitude du résultat ? Le reproche est
juste, mais on peut s'y soustraire. Qu'un des Etats confédérés
essaie sur son territoire restreint l'idée nouvelle ; l'entreprise,
si elle ne réussit pas, n'aura pas causé un grand dommage ; si
elle réussit, les autres Etats ou Cantons imiteront l'exemple
heureux et la loi s'étendra par tout le pays. Cela est possible, il
est vrai, même sous un gouvernement unitaire, mais moins
aisé, car les provinces moins autonomes n'en prendront pas
l'initiative et le pouvoir central hésitera à la leur donner. Les
Etats fédéraux, au contraire, la mettent en pratique : la Suisse,
notamment, est un champ d'expériences législatives.

Un avantage d'un autre genre et qui n'a pas du tout été
remarqué jusqu'à ce jour, c'est que le fédéralisme est le seul
moyen qui existe de remédier à certaines difficultés ethniques
et géographiques inextricables.

Les peuples de même race, soit originaire, soit acquise, devraient, pour le bon ordre sociologique, se trouver ensemble ; c'est ce qui arrive, mais non toujours ; on les réunirait de manière à ne former qu'un seul empire ; ce serait la carte politique naturelle. Mais il n'en est pas ainsi ; par une sorte d'ironie, l'Histoire a mélangé l'hétérogène, séparé l'homogène, ici et là enclavé. On peut s'en rendre compte au spectacle des dissensions incessantes de l'Autriche ; la moitié d'un village est tchèque ou slave, l'autre moitié allemande. Dans les Balkans et plus au Sud, Grecs, Turcs, Albanais, Roumains, Bulgares se coupent et se recoupent, s'enclavent et se mêlent, sans se combiner. Dès lors, comment faire triompher pratiquement le principe juste des nationalités ? Si on les réunit en une seule nation, d'une province à l'autre, ils ne pourront même pas se comprendre ; si on les laisse absolument séparés de village à village, ils vont se battre. Cependant, la géographie les unit étroitement, pose d'endroit en endroit des bornes naturelles qui semblent indiquer des pays logiques à son point de vue. La Suisse a résolu cette énigme. Elle se composait de peuples qui parlent les uns l'allemand, d'autres le français, d'autres l'italien, d'autres le romanche ; s'ils délibèrent ensemble, ils ne se comprendront pas ; cependant, s'ils restent séparés, ils ne pourront se défendre à l'extérieur contre d'autres peuples, car ils sont en petit nombre, et l'orographie, à son tour, les unit ; ils ont une patrie commune, la montagne. Comment faire ? Les Suisses ont conservé chacun leur patrie autonome, sans en rien céder ; chacun fait ses lois, s'administre, délibère à part ; mais après avoir tenu compte aussi de l'élément ethnique, ils ont observé de même l'élément géographique en contradiction ; c'est qu'ils ont confédéré leurs Etats autonomes. C'est cet exemple qu'il faudrait suivre. En Autriche-Hongrie et en Turquie, les peuples disparates qui les habitent pourraient avoir sans inconvénient leur autonomie, mais en se constituant en Confédération ; celle-ci corrige les morcellements, les enclaves, les accidents historiques et géographiques de toutes sortes et en fait même une diversité harmonieuse.

La distance créée par la mer entre la métropole et les colonies arrive tôt ou tard à un résultat désastreux pour la métropole. La colonie, surtout si elle est lointaine et importante, tend à se séparer brusquement de la mère-patrie, malgré les liens ethniques de mœurs, de croyances, de goûts qui les

unissent ; les intérêts ont suffi pour créer le désaccord. C'est
ce qui est advenu pour les Etats-Unis, ce qui est en train de
devenir pour l'Australie, ce que l'Algérie nous prépare. Cette
désunion est le plus souvent la faute de la métropole. C'est
en vain que celle-ci aura dépensé son argent, elle n'en
recueillera pas le fruit. Ce qui est plus grave, des frères ne se
connaîtront plus, le lien familial sera rompu et des peuples
de même langue pourront être ennemis. Ce résultat pourra
être empêché par la Fédération. La métropole, plus avisée,
comprenant la situation de bonne heure, ne centraliserait pas,
elle établirait entre elle et sa colonie un lien fédéral. Alors,
loin de vouloir se séparer davantage, la colonie rechercherait
le lien qui ne peut que lui être profitable. Cette idée a fait déjà
son chemin, elle est contenue en partie dans le régime donné
par l'Angleterre à l'Australasie. Sur cinq possessions anglaises
de l'Océanie (l'Australie, la Tasmanie, la Nouvelle-Zélande,
les îles Fidji et la Nouvelle-Guinée), les îles Fidji, la Tasmanie
et trois provinces australiennes (Victoria, Queensland et
l'Australie Occidentale), à partir de 1885, forment une Confédération reliée à l'Angleterre, établissent un Conseil fédéral de
l'Australasie ayant le pouvoir législatif fédéral ; chacune des
colonies y est représentée par deux membres ; il faut, il est
vrai, la sanction du gouverneur de la colonie. Malheureu-
sement, le droit de sécession y est reconnu. Des projets
développant davantage cette ébauche fédérative n'ont pas
réussi, mais l'idée demeure. Il s'agissait là d'une Fédération
entre diverses colonies ; si elle existait aussi au regard de la
mère-patrie, elle résoudrait la question coloniale, question si
délicate.

Tels sont les plus importants des bienfaits du fédéralisme.
Enfin, on peut se demander, en principe même, s'il est juste
de soumettre une province ou une division ethnique entièrement à la volonté d'une autre ou même à celle de l'ensemble
d'autres fractions, surtout lorsqu'il ne s'agit pas d'un agrégat
naturel, mais, même s'il s'agit d'un agrégat ethnique, où d'abord
il y a le plus souvent dans le total des différenciations ethniques
correspondant aux provinces, puis il y a des différenciations
géographiques qui causent des variétés d'intérêts. C'est ainsi,
par exemple, que la même race pourra penser différemment en
matière de vignobles, suivant qu'elle habite une région viticole
ou non viticole, que le Normand, issu de l'homme du Nord,

n'aura pas les mêmes habitudes que le Breton, issu du Celte. Il en dérive, suivant nous, un droit rigoureux à chaque cellule sociale de conserver en partie son autonomie, en ne mettant dans la collectivité plus compréhensive qu'une fraction de lui-même. A plus forte raison si l'on tient compte des différences d'idées, de mœurs, d'aptitudes.

Mais le fédéralisme, d'autre part, n'a-t-il pas des vices qui annulent, et au-delà, tous ces bienfaits ?

On lui en reproche plusieurs, deux surtout, qui ont causé des préjugés et qui méritent un sérieux examen.

On prétend que la Fédération excite à la sécession. Les Etats se sont fédérés volontairement, ils peuvent, en vertu du même principe, se séparer, et un seul aura le même droit, car on ne peut aliéner sa volonté pour toujours. S'il en est ainsi, que devient la cohésion nécessaire pour fonder un Etat fort ? Sans doute, il y a l'exécution fédérale. Mais c'est là une mesure violente, un peu répugnante, et qu'on ne saurait employer à chaque instant.

Cela est vrai, et tellement que nous admettrons le droit de sécession, pourvu qu'il n'ait pas lieu d'une façon inopportune ou sous l'instigation d'une puissance étrangère. Mais quel inconvénient grave peut résulter de la sécession ?

Aucun, lorsque toutes les nations sont régies à la fois par une Confédération intérieure. Si l'Alsace-Lorraine est un Etat autonome, elle peut aujourd'hui se rattacher à la France, demain à l'Allemagne, après-demain à la France, sans qu'il en résulte de dommages, ni pour elle, ni pour l'Europe ; c'est que ses intérêts matériels se seront déplacés ; mais dans aucune des deux Confédérations, elle ne souffrira d'oppression.

Mais cette sécession s'opérera rarement. Elle n'a pas lieu, d'ordinaire, par pur caprice, ni même par intérêt, mais uniquement lorsque la province est opprimée par l'ensemble auquel on la rattache, et qui lui impose des lois qui ne répondent ni à ses idées, ni à ses besoins, ni à ses mœurs. C'est alors seulement qu'elle réclame sa sécession violente. Si l'Irlande formait une province autonomique de la Grande-Bretagne, elle n'aurait aucun intérêt à s'en détacher ; au contraire, la géographie a créé entre elles un lien avantageux ; c'est, en l'absence de Fédération, et parce qu'on veut que l'Irlande soit sujette de l'Angleterre, qu'elle se révolte. Il en est de même entre la Pologne et la Russie. Si, lors de la Révolution française, les provinces de l'Ouest avaient été reliées aux autres par une simple Fédération, elles n'auraient pas déclaré la guerre civile.

La sécession n'est donc pas du tout le résultat du Gouvernement fédératif ; si elle y est plus facile en droit, au contraire, en fait, elle sera beaucoup moins fréquente, parce qu'il n'existe plus de motif pour la désirer. C'est la centralisation à outrance qui la rend nécessaire et recherchée par tous moyens.

Nous avons assisté, de nos jours, à un fait bien curieux, à une sécession sans violence ; c'est celle accomplie de la part de la Norwège au regard de la Suède ; on voit qu'elle peut s'effectuer sans chocs et sans aucun des effets redoutés.

La seconde objection souvent répétée consiste à suspecter le fédéralisme comme ouvrant la porte à la réaction ; elle aurait lieu au profit des minorités et des provinces qui, dans les pays démocratiques, tendent à ramener en arrière. C'est une objection du même genre que celle qu'on a faite au féminisme. Cependant, elle contient une part de vérité. L'ensemble d'un pays, représenté par sa capitale, a toujours des tendances plus progressives que les provinces. Mais n'est-ce pas d'abord un droit pour celles-ci de suivre plus lentement la marche de l'évolution ? N'y a-t-il pas, dans cette ascension vers l'avenir, des échelons divers où les hommes se suivent, les uns à l'avant-garde, les autres à l'arrière-garde ? N'en reste-t-il pas à terre qui regardent le genre humain monter, attendant pour se convaincre qu'il n'y ait pas de péril à monter à leur tour ? Cela n'est-il pas mieux ainsi et le genre humain n'avance-t-il pas alors avec la prudence nécessaire ? Nous posons cette question qui est de principe.

Mais la solution pratique lève toute espèce de doute. Le progrès lui-même, s'il est imposé, perd de sa force, il rencontre une résistance définitive. Les persécutions grandissent les persécutés ; ce sont celles des païens qui ont fait la fortune du christianisme ; celles des catholiques ont élevé les protestants, et ceux-ci, persécuteurs à leur tour, ont fait une auréole aux confessions dissidentes. L'abjuration forcée de Galilée a fait éclater plus tôt les vérités scientifiques. Il y a donc lieu de laisser, même à des idées rétrogrades, le coin où elles se tapissent ; la lumière et la chaleur ambiante les pénétreront davantage que le fer et le feu.

Les objections tirées des quelques inconvénients inhérents au fédéralisme ne sont donc pas décisives.

Mais il en est une qui nous toucherait davantage, si elle était fondée. L'idée de fédéralisme, quelque précieuse et juste qu'elle soit, n'aurait pas de chance de réussir, si, loin d'être dans le courant de l'évolution, elle rebroussait chemin, si elle était, non en elle-même, mais en Histoire, un regrès ; car, contre l'évolution fatale et logique, nul ne peut rien ; on ne saurait revenir en arrière que quelques moments.

Il faut donc étudier sommairement cette évolution. Voici, dit-on, quelle en est la marche. Il n'y a d'abord que de tous petits Etats, des cités, comme les cités antiques, les grecques, par exemple ; c'est l'état d'isolement ; peu à peu, des relations s'établissent, des alliances nécessitées par les incursions de la guerre. On s'unit pour le temps du danger, puis on se sépare. Enfin, l'union devient permanente ; on se fédère ; telle est l'origine du fédéralisme. Ce sont d'abord de simples unions personnelles ou réelles, puis des Confédérations d'Etats, dont le lien est lâche ; puis des Etats fédérés, dont le lien est resserré. Mais on ne s'arrête pas là ; de condensation en condensation, on va jusqu'à la condensation dernière, celle de l'Etat unitaire. L'esprit romain lui-même, si impérieux, si absolu, permit long-temps les Fédérations parmi ses sujets ; en France, par la réunion successive des provinces, on parvint à l'unification nationale complète. Or, il faudra toujours suivre le même ordre, on s'unifiera de plus en plus. L'avenir n'est pas dans une rupture ni dans un relâchement de ce lien, mais dans une unité plus compréhensive. Il y a, d'ailleurs, économie de frais généraux de gouvernement. Il en est de même des langues ; celles trop particularistes disparaissent ou tombent à l'état de simples jargons ; de même, des coutumes locales ; elles sont remplacées partout par des lois générales, et c'est utilité et justice.

Oui, mais il faut rechercher si ce mouvement est bien uni-versel, puis, s'il ne provient pas d'autres facteurs.

Tout d'abord, il n'est pas universel ; certains pays passent de l'unification à la Fédération. Il y en a de fréquents exemples : dans le Nouveau-Monde, le Mexique et le Brésil ont passé de la forme unitaire à la forme fédérative ; l'Allemagne est revenue à la Fédération. L'Espagne a essayé ce régime quelques instants. La Colombie a oscillé sans cesse entre les deux régimes. Les cinq Etats de l'Amérique Centrale ont fait de même. Dans les Etats américains restés unitaires, de fortes tendances appellent la Fédération. La grande puissance des Etats-Unis a été fédérale tout de suite et n'a jamais manifesté la moindre velléité d'unitarisme. Il y a donc un mouvement en sens contraire, aussi intense que le premier. Il faut dire, au moins, que la direction de l'évolution est partagée, et que, si le courant est ici du fédéralisme à l'unitarisme, il est là de l'autonomie et même de l'unitarisme au fédéralisme dans la Constitution des Etats.

C'est qu'il intervient d'autres facteurs, ce qui fait varier l'évolution. D'abord le facteur politique. Les pays monarchiques passent facilement de la Fédération à l'unitarisme, tandis que les pays républicains prennent la direction contraire. Puis, la situation historique ; les pays de formation nouvelle ont une tendance fédérative, de même que démocratique, tandis que les anciens, qui ont à tenir compte d'idées traditionnelles, penchent vers l'unitarisme. Le besoin de se défendre au dehors contre des ennemis pressants conduit à se resserrer par l'unitarisme, tandis que l'absence d'ennemis rapprochés de par la géographie relâche le lien et rend l'Etat fédéral. Il y a bien d'autres facteurs qui interviennent dans l'un ou l'autre sens ; nous n'avons cité que les plus saillants.

Mais ce qui est plus important et ce qui ne dépend plus de facteurs externes, c'est l'évolution dans les esprits.

A ce point de vue, il n'y a pas de doute ; le mouvement, tantôt sous le nom de fédéralisme, tantôt sous celui de provincialisme ou de décentralisation, fait de réels progrès. Les Etats eux-mêmes se tournent de ce côté ; l'Angleterre l'englobe dans son idée d'impérialisme ; elle cherche à l'établir, comme nous l'avons vu, dans ses colonies. En France, depuis longtemps, un mouvement de décentralisation politique a commencé ; il a peu réussi dans la pratique. Il existe davantage dans les mœurs, et il apparaît dans la résurrection des patois ; les Félibres surtout l'ont mis en honneur, et la littérature dialectale du Midi possède une certaine vogue. On a fouillé les légendes locales et étudié philologiquement les dialectes. La littérature s'est empreinte d'argot, de locutions populaires et aussi de provincialismes. La vie communale, au-dessous de la vie provinciale, tend à son tour à renaître. A l'époque où l'opinion publique a tant de prépondérance, c'est un indice remarquable ; en tout cas, il marque la direction de l'évolution.

Quel est l'avenir de cette tendance ? Aboutira-t-on partout ou généralement à un régime fédératif? Quels seraient les moyens d'y parvenir? Quelles seraient les applications concrètes de ces moyens?

Nous pensons que l'avenir sera en faveur du fédéralisme en raison des avantages qu'il présente et que nous avons indiqués. Le moyen consisterait, comme toujours, en une agitation en sa faveur, suivie du consentement général d'une nation. La presse se chargerait de sa vulgarisation. On pourrait, d'ailleurs, en faire l'essai d'abord dans une seule province. Il y aurait, sans doute, des obstacles faciles à lever dans les pays où les provinces sont restées naturelles, moins faciles dans ceux où elles ont été écrasées sous une forte compression et remplacées par des circonscriptions artificielles depuis longtemps, ce qui fait que leur sensation nette a disparu.

C'est le dernier cas en France. Il est donc surtout utile d'y envisager quelle pourrait être l'organisation fédérale future.

Le sentiment provincial n'y est pas éteint; il s'est surtout réveillé dans ces derniers temps; on y cultive les parlers locaux, et l'arrondissement, le canton, les unités fictives y ont été depuis peu battues en brèche. On y parle beaucoup de décentralisation; ce n'est, il est vrai, qu'un sujet de conversation, mais cela est déjà quelque chose. Il y est question de supprimer les sous-préfectures, la plupart des tribunaux d'arrondissement; la voie est ouverte. Mais comment les remplacer et donner la vie aux provinces? Les provinces! Leur nom sonne mal dans un milieu démocratique, elles rappellent l'ancien régime. Elles sont, en outre, trop grandes et inégales; il y en a qui contiennent deux ou trois fois la population d'une autre; elles n'ont pas de subdivisions commodes. Que répondre à tout cela?

La solution est simple. Réglons d'abord la question des mots. En certains pays, par exemple en France, ils ont une toute-puissance. Remplaçons celui de province par celui de région qui n'emporte aucun souvenir; il y aura la région d'Anjou, celle de Champagne, celle de Flandre; on pourrait même substituer aux noms des anciennes provinces ceux de leur capitale et dire : la région d'Angers, celle de Lille. Puis, les anciennes provinces sont trop inégales et quelques-unes trop vastes. Cette division ne sera pas artificielle, mais naturelle, car elle correspond à des sous-divisions ethniques. Déjà, aujourd'hui, l'usage distingue la Haute et la Basse-Bretagne, la Haute et la Basse-Normandie, la Guienne et la Gascogne.

Il y aura la région de la Basse-Bretagne, celle où l'on parle la langue bretonne ; la région de la Haute-Bretagne, où on ne la parle pas. On obtiendra ainsi des régions à peu près égales, et cependant naturelles, non seulement géographiquement, mais ethniquement.

Ces régions deviendront des Etats ; le noyau de chacun de ceux-ci sera son Conseil général amplifié, remplissant le rôle de petit Parlement régional, tel qu'il figure dans tel Etat des Etats-Unis, dans tel canton de la Suisse ; il aura naturellement son chef, président de la région, nommé par elle.

Nous n'avons pas à tracer le reste de l'organisation ; elle serait la même que celle dont nous avons décrit la symétrie dans les Etats fédératifs.

Nous n'avons donné qu'un exemple, il en serait de même dans les autres pays. Il faudrait rectifier les divisions géographiques, même dans certains pays fédéralistes, pour en exclure ce qui vicie tout, l'hégémonie.

La Russie, ce colosse immense aux pieds d'argile que son propre poids embarrasse, ne serait plus que la Fédération des peuples, hétérogènes en partie les uns aux autres, qu'elle contient : la Pologne, la Finlande, les provinces caspiennes, l'Esthonie, la Petite Russie en seraient les divers Etats autonomes, reliés seulement par le lien fédéral, se gouvernant eux-mêmes, parlant leur propre langue. L'Italie serait la réunion de diverses provinces fédéralisées. La péninsule espagnole comprendrait dans une seule Fédération, comme autant d'Etats, le Portugal, le Pays basque, la Catalogne, la Castille, etc. L'Angleterre serait une Fédération de pays autonomes, l'Irlande, l'Ecosse, le pays de Galles, etc. Enfin, les peuples danubiens seraient confédérés en un ensemble comprenant un Etat grec, un serbe, un macédonien. L'Autriche-Hongrie, avec un territoire fédéral neutre, comprendrait les Etats slaves, Bohème, Galicie, etc., tandis que sa partie allemande entrerait dans la Confédération germanique.

Quant à l'Allemagne, c'est un pays dont la Confédération est viciée à la fois par l'hégémonie et par le manque de proportion entre les Etats. Il faudrait que la Confédération se composât non seulement des Etats qu'elle comprend actuellement, mais du domaine disproportionné de la Prusse, divisé en autant d'Etats qu'il y a de provinces ethniques.

Et parmi d'autres bienfaits, la paix serait assurée.

Mais, au point de vue pratique, il est certain que, pour un Etat qui veut être agressif et conquérant, la forme unitaire est plus favorable. Le souverain peut plus facilement réunir à l'instant de grands corps d'armée ; il n'a point à compter avec des résistances locales ; il a ses troupes centralisées sous la main ; il déclare seul la guerre ; il ne faudrait pas qu'un tel Etat existât, mais il en existe beaucoup en fait et il faut en tenir compte.

Si, à côté d'un tel Etat unitaire, son voisin se transformait en Etat fédéral, il acquerrait une infériorité militaire ; ce serait l'exposer aux coups. Il faut donc que les deux Etats se fédéralisent à l'intérieur en même temps, de même que de deux Etats il n'est pas possible que l'un désarme seul. Cette précaution devra être prise dans l'adoption du régime fédératif.

III.

La Fédération externe est celle qui aurait lieu, non plus entre les différentes provinces d'un même pays, mais entre différents pays, et entre tous les pays. Cette dernière aurait pour conséquence logique et certaine l'établissement définitif de la paix entre tous les peuples. C'est ce qui la rend digne de toute notre attention.

Nous commencerons par elle, quoique l'ordre logique eût dû faire apparaître d'abord celles partielles, parce que c'est la Confédération totale qui donne sa raison d'être à toutes les autres.

L'objectif est la suppression de la guerre ; si toutes les nations ne forment qu'une vaste Confédération mondiale, lorsqu'il surgit un conflit entre elles, elles devront se soumettre à la décision du Tribunal fédéral mondial aussi ; il n'y a plus alors de lutte violente.

Mais cette Constitution est évidemment difficile à obtenir. N'y aurait-il pas d'autres moyens plus prompts et aussi efficaces de parvenir à la paix générale ? Et si non, par quels moyens pourrait-on obtenir cette Fédération ? Par qui et comment serait-elle proposée ? Comment serait-elle construite ?

Tout d'abord, il n'y aurait pas d'autres moyens, suivant nous, d'obtenir une paix perpétuelle.

On en a cependant proposé bien d'autres. Nous ne pouvons les discuter ici en détail, mais leur inanité apparaîtra vite. Suivant les uns, il faudrait d'abord désarmer sans délai, mais qui désarmera le premier ? Si tous ne le font pas en même temps, ce sera un jeu de dupes. Mais, dit-on, le désarmement ne sera que partiel, on désarmera peu à peu; et c'est ce qu'on devait proposer, disait-on, au Congrès de La Haye, à l'instigation de l'Angleterre. Mais qui assurera la sincérité de ce désarmement partiel ? On trichera, et cela ne sera considéré que comme une nouvelle ruse de guerre. Le second moyen proposé, ce sont des conventions internationales de soumettre le litige à venir, soit à un arbitrage international, soit à une Cour constituée dans ce but, sauf le cas de questions vitales. Mais qui ne voit qu'une question peut toujours être déclarée vitale, et que chacun peut manquer à sa promesse, à laquelle nul ne pourra le contraindre. Que si l'on convenait qu'en cas de manquement, tous les autres Etats pourraient intervenir, ce serait, au lieu de la paix, une guerre générale.

Le seul moyen efficace est d'établir au-dessus des peuples un tribunal fédéral qui jugera tous les litiges entre nations et qui les réglera d'après des lois fédérales promulguées et les appuiera d'une force armée internationale.

Cette idée d'une Fédération générale, comme seul moyen d'assurer la paix, a été conçue au cours des âges par de grands esprits qui devançaient leur temps. Nous citerons les deux plus remarquables, le roi de Bohême, Podibrad, qui régnait en 1464, et Henri IV de France, le bon roi.

Le premier voulait instituer un tribunal formé par les principaux souverains de l'Europe, lequel jugerait des litiges entre eux, ainsi qu'entre eux et leurs sujets ou avec le pouvoir papal. Il envoya, dans ce but, une ambassade à Louis XI, le suppliant de convoquer une assemblée de rois et de princes. Il ne proposait pas encore une Fédération supranationale avec tous les organes, mais il était sur la voie.

La conception d'Henri IV était plus large. L'Europe, avec ses royaumes héréditaires : France, Espagne, Angleterre, Suède, Danemark et Lombardie ; ses cinq dominations électives : Pologne, Hongrie, Bohême, Empire, Papauté ; ses quatre républiques : Venise, Gênes et Florence, Suisse et Pays-Bas, aurait formé une vaste république ayant un Conseil supérieur de députés de toutes les nations. La division aurait eu lieu par langues. Cette fois, l'unité était complète.

Elle fut reprise, dans une certaine mesure, par Napoléon Ier ; dans ce but, il plaçait ses parents sur différents trônes de l'Europe : Louis en Hollande, Jérôme en Westphalie, Joseph à Naples, puis Joseph Murat en Espagne, Eugène de Beauharnais à Francfort, sa sœur Pauline à Guastalla ; c'était plutôt un partage familial ; mais dans le préambule de l'Acte additionnel de 1815, il devient, sincèrement ou non, partisan de la Fédération générale et s'exprime en ces termes : « Nous avons pour but d'organiser un grand système fédératif européen que nous avons adopté comme conforme à l'esprit du siècle et favorable à la civilisation. »

La volonté de toutes les puissances suffirait pour la fonder ; mais comment obtenir cette volonté ? C'est là le point difficile. Les nations animées du désir de la conquête et qui se croient plus fortes s'y refuseront. D'ailleurs, jamais en un jour on n'obtient de tels progrès.

Il faudrait préparer celui-là comme les autres, et non seulement dans l'esprit public par des procédés appropriés, mais en l'établissant d'abord particiellement.

On fonderait des Fédérations partielles entre les peuples ayant une communauté de race ou de langue, de civilisation ou d'intérêts. Il se formerait ainsi partout des noyaux de Fédération, et par conséquent, de grandes masses fédérées.

Quand on n'irait pas plus loin, on aurait déjà beaucoup gagné pour le maintien de la paix. Des masses énormes se décident difficilement à se déclarer la guerre, elles ont conscience de leur poids et de tous les effets meurtriers qu'aurait le conflit. Déciderait-on jamais l'Europe entière à se battre contre l'Asie entière ?

Il n'est pas besoin d'aller jusque là. Est-ce que de nos jours la triplice (Allemagne, Autriche, Italie) contre la duplice (France et Russie) n'a pas puissamment contribué à empêcher la guerre d'éclater entre la France et l'Allemagne ? Ces deux puissances isolées l'une contre l'autre en seraient bien plus aisément venues aux mains.

Il faudrait former ces Fédérations partielles suivant les affinités naturelles.

Par exemple, il y aurait en Europe une Fédération de toutes les nations latines : France, Belgique, Suisse, Roumanie, Italie, Espagne, Portugal. Une autre Fédération existerait entre l'Autriche, l'Allemagne, la Hollande, la Suède, la Norwège, le Danemark ; une autre entre la Russie, la Pologne ; une autre réunirait les populations slaves de l'Autriche et de la Turquie.

L'Amérique formerait deux Confédérations : celle des Anglo-Américains, composée des Etats-Unis et d'une partie du Canada ; celle des Latins comprenant le Mexique, l'Amérique centrale et celle du Sud. En Asie, tous les peuples de l'Extrême-Orient, la Chine, l'Indo-Chine et le Japon, formeraient une vaste Confédération. La Turquie, la Perse, l'Arabie, l'Egypte en formeraient une autre. Grâce à ces vastes conglomérats, la guerre deviendrait presque impossible et l'apprentissage de la Fédération universelle pourrait se faire.

Enfin, ces Confédérations se rapprocheraient, et on aboutirait à la Fédération universelle, à la Fédération mondiale.

Telle serait la Confédération externe.

On voit que l'une mène à l'autre et que cette Confédération externe qui fonderait la paix définitive n'est que l'efflorescence logique et inéluctable de la Confédération interne. C'en est le suprême bienfait.